Töpfern

Otto Maier Verlag Ravensburg

Deutsche Übersetzung: Uwe Lindemann
Umschlaggestaltung: Manfred Burggraf
Printed in England

ISBN 3-473-42457-9

CIP-Kurztitelaufnahme der Deutschen Bibliothek

Töpfern. – Ravensburg: Maier, 1977.
  Einheitssacht.: Clay ⟨dt.⟩
  ISBN 3-473-42457-9
NE: EST

Inhalt

Einleitung

Ton ist eines der reizvollsten Materialien, mit denen man arbeiten kann. Die leichte Zugänglichkeit, die kühle, geschmeidige Beschaffenheit und die aufregenden Veränderungen, die stattfinden, wenn er gebrannt wird, haben Handwerker seit Tausenden von Jahren angezogen.

Dieses Buch ist gedacht für Anfänger und für solche, die sich bereits in der Töpferei versucht haben. Alles beginnt mit dem grundsätzlichen, aber sehr wichtigen Vorgang der Aufbereitung und setzt sich Schritt für Schritt fort, bis hin zur Anfertigung von hübschen Gegenständen auf der Töpferscheibe. Alle Techniken werden sorgfältig anhand von Farbfotografien erklärt.

Die Anfänger bei diesem Handwerk beginnen mit leichten Arbeiten, um ein »Gefühl« für diesen Werkstoff zu bekommen. Sie werden Freude am Formen von Druck-, Stock-, Schalbrett- und Wickeltöpfen haben, die nur eifrige Finger und einfache Werkzeuge benötigen.

Dann wird die Töpferscheibe erklärt und attraktive Krüge, Flaschen, Schüsseln und Platten bilden die Übungsgrundlage für die Wurf- und Drehtechniken. Wenn der Töpfer erst einmal Vertrauen bekommen hat, gibt es abenteuerlichere Sachen, die versucht werden – eine Kaffeekanne oder ein Teetopf, eine Kasserolle oder ein Schmortopf.

Die höchst wichtige Arbeit des Brennens und die Dekorationstechniken des Polierens und der Sgraffito-Arbeiten, die Farbgebung mit Oxyden und zusätzlichem Schlicker und Poliermittel werden behandelt. Sie ermöglichen dem Töpfer, seiner Arbeit den letzten Schliff zu geben.

Dieses Buch lehrt also alle Techniken dieses Handwerks, regt Enthusiasten an, erfolgreiche Töpferarbeit zu machen, die für die praktische Verwendung oder die stolze Ausstellung im Haus genommen werden kann.

Den richtigen Umgang mit Ton finden

Allgemeines über Ton

Von links nach rechts: Proben von Porzellan, Erd- und Steinwaren-ton

Ton ist im Gegensatz zu den selbst-härtenden Modelliermassen, die chemische Zusatzstoffe enthalten, ein absolut natürliches Material. Er wurde in Tausenden von Jahren geformt, als Felsen in der Erdkruste durch Wettereinfluß von Wind und Regen verwitterten. Der Prozeß dauert an und Ton gibt es vollauf über die ganze Welt verteilt. Manche Tonsorten werden zusammen mit ihren teilweise verwitterten Muttergesteinen gefunden. Andere werden durch Ströme und Flüsse aus ihren ursprünglichen Lagerstätten weggespült, um sich in weiten Tälern und offenen Ebenen abzulagern.

Natürlicher Ton variiert sehr breit in Qualität und Eigenschaft. Tonsorten, die von Strömen und Flüssen abgelagert werden, sind für den handwerklichen Töpfer sehr wertvoll, da sie leicht zu gewinnen und zu bearbeiten sind und zudem gut ihre Form halten. Einige Sorten sind gut für eine Technik und unbrauchbar für andere. Es war und ist eine Sache der Erfahrung und des Ausprobierens, welche Töpfer über die Zeitalter hinweg bewegt hat, um die besten Sorten für den jeweiligen Zweck herauszufinden.

Welche Tonsorte auch ausgewählt wird, man merkt bald, daß Ton eine kühle, geschmeidige Beschaffenheit hat, die bei der Bearbeitung sehr befriedigend wirkt. Es ist dieses angenehme »Gefühl«, zusammen mit der Faszination der natürlichen Plastizität und den dramatischen Veränderungen, die im Ton vorgehen, während er gebrannt wird. Dies hat Handwerker dazu gebracht, mit diesem Material zu arbeiten. Allein einfaches Drücken und Modellieren mit den Fingern kann aufregende Ergebnisse liefern und ist zudem noch ein guter Weg, mit der Geschmeidigkeit und den Eigenarten von Ton vertraut zu werden. Zuerst beginnt man, mit dem Ton ursprüngliche Formen ohne Brennen herzustellen, damit die eigene Vorstellungskraft angeregt wird. Erst später lernt man den Gebrauch der Töpferscheibe und des Brennofens – und lernt allmählich auch kompliziertere Formen herzustellen.

Ein natürlicher Tonklumpen besteht aus Millionen von dünnen, flach geschliffenen Partikelchen. Wasser ermöglicht diesen flachen Partikelchen, über jedes andere zu gleiten, ohne dabei abzubrechen. Wenn der Ton trocken ist, bewegen sich die Partikelchen nicht und brechen bei Gewaltanwendung. Bei geringem Wassergehalt wird die Bewegung begrenzt und der Ton ist sehr zäh zum Gebrauch. Bei einem Wassergehalt von

25% kann er leicht geformt werden und ist ideal zum Modellieren. Mehr Wasser verändert den Ton zu einer weichen, formlosen Masse.

Natürlicher Ton hat für den Anfänger den großen Vorteil, daß er ein extrem billiges Material darstellt. Viele Tonsorten sind zu kaufen; weißer Ton ist glatt, nimmt die Glasur gut an und ist sauberer im Gebrauch während Terrakotte beim Brennen mit ziemlich niedriger Temperatur eine gefällige rote Farbe annimmt. Gebrauchsfertigen Ton kann man per Post direkt von den Herstellern beziehen. Er enthält normalerweise 25% Wasser und ist mit Plastik eingewickelt in Beuteln unterschiedlicher Größe verpackt. 25 kg-Packungen sind für Anfänger gut geeignet. Am besten lagert man den Ton an einem kühlen Platz, sorgfältig in Plastik gewickelt, so daß er nicht austrocknet. Wenn man den Ton zu einem endgültigen Topf oder Modell geformt hat, kann man den getrockneten Ton härten. Dauerhafte Gegenstände entstehen durch Brennen im Töpferofen, in einer Sägemehlgrube oder sogar in einem Feuer im Freien.

Um die Eigenschaften des eigenen Tons zu prüfen, läßt man einige Stücke austrocknen und sieht, wie hart sie werden; andere Stücke näßt man und beobachtet, wie der Wassergehalt die Qualität beeinflußt.

Ein guter Test, um die Bearbeitungsqualitäten zu beurteilen, ist es, ein Stück in der Hand zu einer Rolle zu formen, die um den Finger gewickelt wird. Wenn die Rolle sich biegt, ohne zu brechen, nicht am Finger klebt und die Form behält, dann ist der Ton gerade richtig. Wenn er bricht, ist er zu trocken; wenn er klebt und schlapp ist, dann ist er zu naß.

Töpfe aus verschiedenen Tonarten: der linke Topf ist Steinware; in der Mitte ein unglasierter, rötlicher Erdwaren-Kochtopf aus Marokko; und rechts eine dekorative Porzellanvase

Finden und Auswählen von Ton

Der Ton wird um den Finger gewickelt, um sein »Gefühl« und die Plastizität zu prüfen

Für den Anfänger ist es wahrscheinlich am einfachsten, den Ton direkt von einem Töpferei-Zulieferer zu beziehen. Zulieferer senden immer Kataloge, in denen ihre Artikel aufgeführt sind, so daß man sich informieren kann, was zu bekommen ist und ein Preisvergleich möglich wird. Ton selbst ist sehr billig und die angemessenste Menge für die erste Bestellung ist wahrscheinlich eine 25 kg-Packung. Dies mag sich nach einer abschreckend großen Menge anhören, aber es bedeutet freizügiges Experimentieren, denn eine kleine Menge Ton ist überraschend schwer. Von den zur Verfügung stehenden Tonsorten gibt es drei hauptsächliche Variationen, unter denen der Töpfer wählen kann – Erdenware, Steinware und Porzellan.

Erdenware – ist entweder rot oder weiß. Er wird bei niedriger Temperatur gebrannt und ist weich und porös. Wegen der niedrigen Brenntemperatur sind die bei ihm verwendbaren Glasuren im allgemeinen hell und leuchtend. Darum eignet sich Erdenwarenton besonders gut zur Herstellung von augenfälligen, farbenfrohen Artikeln.

Die relativ niedrige Temperatur, bei der die chemischen Veränderungen in Erdenwarenton stattfinden, bedeutet die ideale Arbeitsmöglichkeit, wenn man nicht sofort einen Brennofen zur Verfügung hat. Ein Gartenfeuer z. B. erzeugt genug Hitze, um Erdenwarentöpfe zu »backen«. Diese Tonart kann auch in einer vielfältigen Art dekoriert werden. Alle primitive Töpferei, beinahe alle europäische Töpferei bis zum 17. Jahrhundert und der größte Teil der Töpferei im alten Persien, Griechenland, Rom und Ägypten bestand aus Erdenware.

Steingutware – dieser Ton sieht im rohen Zustand grau aus und nach dem Brennen bei einer hohen Temperatur wechselt er zu einem lederfarbenen Aussehen. Er ist guter Ton für derbe, rustikale Stücke.

Porzellan – alle halbdurchsichtigen Waren, entweder aus Ost oder West, alt oder modern, werden aus Prozellanton hergestellt. Er muß bei einer extrem hohen Temperatur gebrannt werden und eignet sich nicht besonders für das Modellieren von Hand. Aus diesen Gründen wird er weniger oft von handwerklichen Töpfern verwandt, obwohl heutzutage einige Töpfer einen Halb-Porzellanton nehmen, der speziell aufbereitet wird, um ihn besser bearbeiten zu können. Porzellan wird in großem Umfang in der Töpfereiindustrie genommen, wo seine Weißheit und Reinheit für feine Tischwaren ausgewertet werden.

Alle Tonarten sollten an einem kühlen, feuchten Platz gelagert werden. Kleine Mengen können in Plastiktaschen oder Plastikbehältern mit einem gut passenden Deckel aufbewahrt werden; große Mengen im Keller in einer luftdichten Kiste aus Holz oder Ziegelsteinen. Der Ton sollte mit feuchten Tüchern oder Plastikfolien bedeckt sein, wenn man nicht gerade mit ihm arbeitet.

Damit schützt man ihn vor dem Austrocknen und der damit verbundenen Unfähigkeit der Bearbeitung.

Man kann es vorziehen, hinauszugehen und seinen Ton selbst auszugraben. Es braucht dabei nicht einmal nötig zu sein, aufs Land zu gehen, um welchen zu finden – er kann genausogut in einem städtischen Garten vorkommen.

Hat man seine eigene »Versorgungsquelle« entdeckt, wird der Ton wahrscheinlich sehr dreckig und klebrig sein, so daß er vor Gebrauch »verwittern« muß. Dies ist ein langer, aber wesentlicher Vorgang. Dennoch gibt es keinen Grund, warum selbstgegrabener Ton letzten Endes nicht so gut wie der vom Zulieferer sein sollte.

Den gefundenen Ton läßt man nun mindestens für ein Jahr in lockeren Haufen draußen. Sonne, Wind, Regen und Frost spielen mit ihm, helfen ihn zu brechen und bearbeitungsfähig zu machen. Nach diesem Verwitterungsprozeß mischt man den Ton mit Wasser, bis er eine dicke Paste ist. Danach gießt man ihn durch ein grobmaschiges Sieb, um Steine und Zweige zu entfernen. Nach dem Sieben setzt sich der Ton am Grund des Gefäßes fest und man kann leicht das Wasser von der Oberfläche abschöpfen. Mit diesem Vorgang bekommt man eine Menge weichen Ton, der sich selbst überlassen werden sollte, damit er langsam etwas austrocknet bis er steif ist.

Die Farb- und Bearbeitungsqualitäten des Tons, die dieser Vorgang hervorbringt, hängen natürlich von der Gegend ab, in der man den Ton gefunden hat. Wenn die Möglichkeit besteht, sollte man sich bei einem örtlichen Töpfer über die Eigenschaften des Tons befragen; dabei kann man sicher von seinen Erfahrungen profitieren.

Ein primitiver Topf aus Erdenware (ganz links), unterscheidet sich von einem kalten, eleganten Topf, der mit einer höheren Temperatur gebrannt wurde

Bau eines Arbeitsplatzes

Wenn man mit Ton zu arbeiten beginnt, dann ist es notwendig, daß man eine Umgebung hat, in der sich bequem arbeiten läßt. Da Ton eine »dreckige« Substanz ist, wird es vielleicht nicht gerade praktisch sein, mit ihm auf dem Küchentisch zu arbeiten. Es wird daher notwendig werden, sich sorgfältig jede Garage, jeden Keller oder Werkraumplatz anzusehen, den man hat, bevor man sich für einen Arbeitsplatz entscheidet. Bei mildem Wetter kann man seinen Tisch auch nach draußen setzen und an der frischen Luft arbeiten.

In diesem Stadium braucht der Arbeitsraum nicht groß zu sein, aber es ist wichtig, freizügig ohne Angst um Verdreckung arbeiten zu können. Um seine Kleidung zu schützen, trägt man am besten eine große Schürze. Ebenfalls sollte der Fußboden vor einer zu großen Verschmutzung bewahrt bleiben. Um eine gute Arbeitsfläche zu haben, eignet sich am Anfang eine starke Werkbank oder ein Tisch. Da man bei der Arbeit stehen muß spielt die Höhe der Arbeitsfläche eine wichtige Rolle. Beim Aufstehen sollte man die Hände bequem auf die Tischoberfläche legen können. Der Tisch muß eine absorbierende Oberfläche haben, da Ton an nicht porösen Materialen klebt, wie etwa an Plastik. Abgeriebenes Holz ist ideal, aber wenn dies nicht möglich ist, kann man auch feines Sackleinen über die Arbeitsfläche breiten und festnageln.

Plan für einen Garagenarbeitsplatz

A. Bord 20 cm tief, für zu brennende Töpfe,
B. Bord 20 cm tief, für Deckeltöpfe, Malwerkzeuge und Glasuren, Plastikschüsseln für Schlicker
C. Leistenbord 45 cm tief zum Trocknen von Töpfen, Plastik-Wasserschüsseln, Schwämme, Bretter, Haken für Drähte
D. Werkbank 60 cm tief in Arbeitshöhe
E. Plastikbehälter mit gut passenden Deckeln für den Ton
F. Plastikbehälter für Glasuren, (verschiedene Farben der Plastikbehälter)

Tonaufbereitung zum Gebrauch

Selbst wenn man bei einem Zulieferer Ton kauft, der ordentlich in Plastik verpackt ist, so muß er geschlagen und geknetet werden, bevor man einen Topf anfertigen kann. Dies ist wichtig, um den Ton in eine gleichmäßige Beschaffenheit zu bringen, harte Klumpen zu verteilen und die Luft aus dem Ton zu treiben, was grundnotwendig ist. Jede im Ton belassene Luft wird sich schnellstens ausdehnen, wenn sie beim Brennvorgang erhitzt wird und verursacht einen Bruch oder eine »Explosion« des Tons. Es ist darum wichtig, daß jeder Ton eingehend aufbereitet wird, bevor man mit dem Formen eines Gefäßes beginnt.

Anfertigung eines Schneidedrahtes

Der Schneidedraht ist eines der Grundwerkzeuge des Töpfers; wesentlich für ordentliches Schneiden von Tonblöcken während des Drückvorganges, wie er hier in den Bildern 1 und 2 gezeigt wird. Ein später folgendes Kapitel erklärt, wie der Schneidedraht auch zum Entfernen fertiger Töpfe von der Töpferscheibe angewandt wird.

Dieses sehr nützliche Stück in der Ausrüstung kann ganz einfach aus einem Paar Holzknebeln oder zwei Knöpfen hergestellt werden, vorausgesetzt, sie sind groß genug, um sie fest anfassen zu können. Verbunden werden die Hölzer mit einem Nylonfaden und der Schneidedraht ist fertig zum Gebrauch.

Schneidedraht

Material:
Einen Nylon-Perlschnurfaden oder eine Fischleine, ungefähr 33 cm lang. Zwei Hölzer oder mittelgroße Knöpfe.

1. Längsweise wird durch den Block geschnitten
2. Die Schnittseiten dreht man mit der Fläche zu sich hin
3. Ein Stück wird auf das andere geworfen

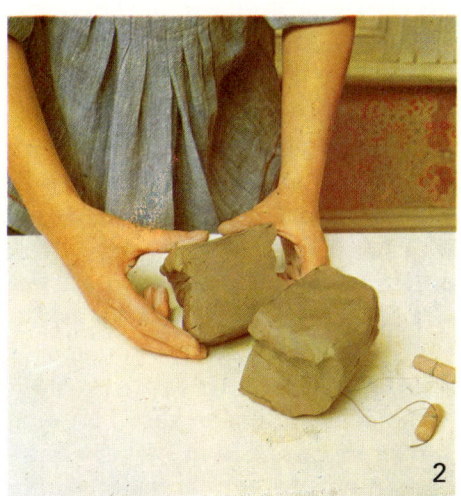

Schlagen

Dies ist die beste Methode, um festzustellen, ob der Ton voll von harten Klumpen steckt oder ob Zugaben, wie etwa Pigmente, dem Ton zugegeben werden müssen. Wenn der Ton eingehend geschlagen worden ist, kann er leicht geknetet werden.

Zuerst nimmt man ein Stück Lehm von ungefähr 2 kg Gewicht und bringt es in eine längliche Form. Danach stellt man den Block aufrecht und schneidet mit dem Schneidedraht längsseits mitten durch den Block (Bild 1). Nun klappt man die obere Hälfte zur Seite und nimmt die untere Hälfte so, daß man die Schneideseite vor sich hat. Jetzt zeigen beide Schnittflächen in die gleiche Richtung (Bild 2). Nun hebt man eine Hälfte mit den Händen über den Kopf und wirft dieses Stück herunter auf die untere Hälfte (Bild 3). Durch Schlagen auf den Tisch entsteht ein Vierkantblock. Man dreht den Block hochkant und wiederholt diesen Vorgang ungefähr zwanzigmal. Er wird den Ton zu einer gleichmäßigen Festigkeit mischen und die Luft heraustreiben. Auch kommen so Steine und andere Fremdkörper aus der Masse. Der Vorgang des Schlagens klingt – und ist – ermüdend, aber mit dem Üben kann eine rhythmische Bewegung aufgebaut werden und ein Stück Ton kann in ziemlich kurzer Zeit vorbereitet werden.

Kneten

Wenn der Ton durchgehend weich und gleichmäßig in der Festigkeit ist, braucht man ihn nur zu kneten. Das Kneten vertreibt die Luft und drängt die kleinen Partikelchen, aus denen der Ton besteht, dichter zusammen. Dies macht den Ton plastischer. Beim Kneten kann Tonmehl in den Ton eingearbeitet werden. Tonmehl ist eine kommerziell hergestellte Substanz, die man bei Töpfereizulieferern beziehen kann und wird allgemein zur Verstärkung von Ton für den Brennvorgang gebraucht. Es besteht aus im Brennofen gebranntem Ton, der in Maschinen gemahlen wurde, um ein rohes Puder zu ergeben. Da es einmal gebrannt wurde, können in ihm keine weiteren chemischen Vorgänge stattfinden und es wirkt deshalb in stabilisierender Weise innerhalb der Tonhauptmasse. Kneten ist eine schraubenförmige Bewegung, sehr ähnlich dem Teigkneten. Das Körpergewicht kommt über die Schultern und die Handgelenke herunter in einer Vorwärtsbewegung. Das Ziel ist es, den Ton herumzudrehen, ihn in sich selbst in einer rhythmischen, biegenden Bewegung zu pressen. Man zieht den Tonblock nach vorn, dabei sind die Finger hinter dem Tonstück und den Handflächen auf beiden Seiten; nun preßt man ihn (Bild 4). Den Ton rollt man wieder zu sich und preßt ihn wieder (Bild 5).

Man baut sich eine rhythmische Bewegung auf, bei der die Hände in einer Vorwärtsbewegung schraubenförmig fortbewegt werden. Die Handflächen müssen den Ton einschließen, um ein seitliches Aussprießen zu stoppen: Man hält die Arme ziemlich gerade und gebraucht sein Körpergewicht, um Druck auszuüben. Allmählich kommt die Form eines

4. Den Ton preßt man von sich fort
5. Mit einem neuen Griff drückt man ihn herunter
6. Eine Hundekopfform wird ausgearbeitet
7. Der Block wird in vier Teile geschnitten
8. Er wird nach Luftblasen überprüft

Hundekopfes zum Vorschein (Bild 6). Am Anfang ist es nicht leicht, aber die richtige Bewegung kommt mit der Übung.

Durch Schläge wird der Ton wieder zu einem Block geformt und in Rechtecke mit dem Schneidedraht geteilt. Nun muß man prüfen, ob die Festigkeit gleichmäßig und der Ton frei von Luftblasen im Innern ist (Bilder 7, 8). Am Ende schlägt man dann die Stücke wieder fest zusammen und der Ton ist gebrauchsfertig.

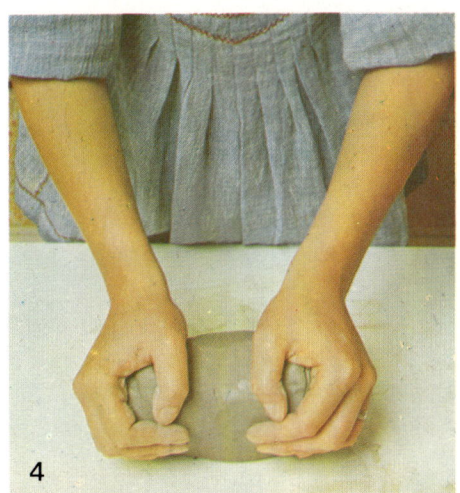
4

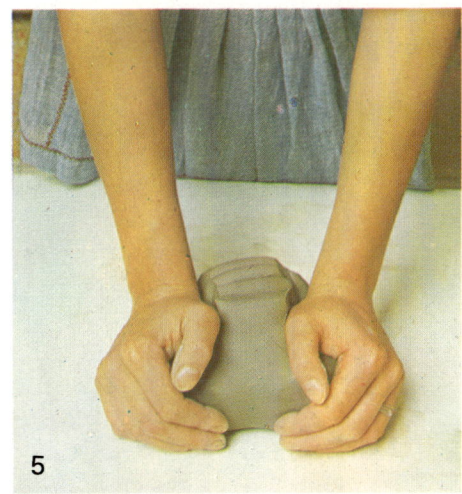
5

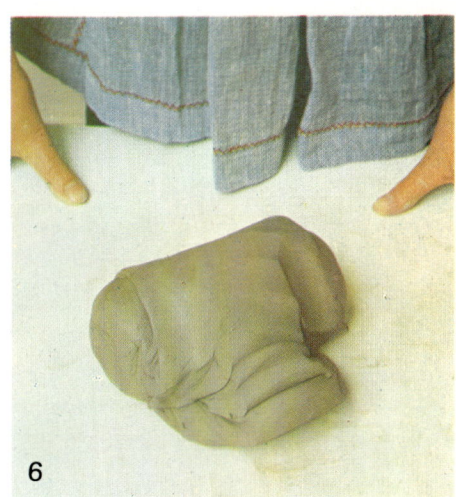
6

7

8

Erste Arbeiten mit Ton

Einfache gedrückte Töpfe

Gedrückte Töpfe oder Daumentöpfe werden so hergestellt, daß man den Daumen in einen Tonball drückt, um ihn auszuhöhlen. Wiederholtes Eindrücken oder Drücken verändert den Tonball in eine kleine Schüssel, die mit den Fingern so geformt werden kann, wie man die gewünschte Form möchte.

Es ist einer der einfachsten und primitivsten Wege, einen Topf herzustellen. Steinzeitalter-Menschen fertigten so Töpfe zum Lagern und Kochen von Nahrungsmitteln an, und primitive Völker in der ganzen Welt gebrauchen noch immer diese Methode, um Töpfe für den Hausgebrauch und zur Dekoration anzufertigen.

Moderne Töpfer wenden auch diese Methode an, um kunstvolle und wunderschöne Töpfe zu bauen. Es sind keine Werkzeuge notwendig; man bearbeitet den Ton in der Hand und so ist es für Anfänger einer der besten Wege, um mit Ton vertraut zu werden. Da Drucktöpfe mit Händen und Fingern geformt werden, sehen sie natürlich aus, haben oft leicht eine unregelmäßige Gestalt, die an organische Formen erinnert.

Für den Bau eines Drucktopfes wählt man einen weichen, aber nicht zu klebrigen Ton. Wenn er hart ist, kann er nur schwer bearbeitet werden und wenn er klebt, bricht er sofort aus der Form.

Den Ton bricht man in Stücke in Größe eines Tennisballs und rollt ihn zwischen den Handflächen, bis ein weicher Ball entsteht (Bild 1). Nun hält man den Tonball in der linken Hand so ausbalanciert, daß er bequem in der Handfläche liegt und drückt den Daumen der rechten Hand in die Mitte des Balls (Bild 2), etwa dreiviertel durch. Dabei den Ball gleichmäßig in der Handfläche drehen (Bild 3). Dieses Hineindrücken erweist sich als leichter, genauso wie der Drehvorgang, wenn man den Ball seitwärts in der Handfläche hält. Man hält die Oberfläche des Tons glatt und folgt der äußeren Form mit dem Finger, während eingedrückt wird. Hat die Innen- und Außenseite immer die gleiche Form, dann haben die Wände des Topfes auch die gleiche Dicke; dadurch wird der fertige Topf standhaft und wohlgestaltet.

Das Drehen wird beim Eindrücken fortgeführt, wobei die Topfwände langsam aufgearbeitet werden. Die Kante läßt man bis zum Schluß. Es ist wichtig, die Öffnung des Topfes so klein wie möglich zu halten, sonst gerät der Topf leicht außer Kontrolle. Die Arbeiten am oberen Topfende kommen zuletzt. Den Topf hält man dabei seitlich in der Handfläche und

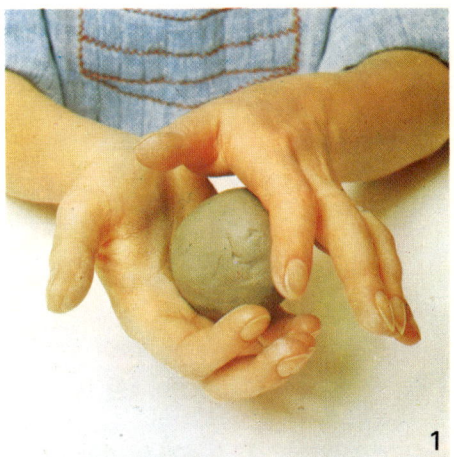

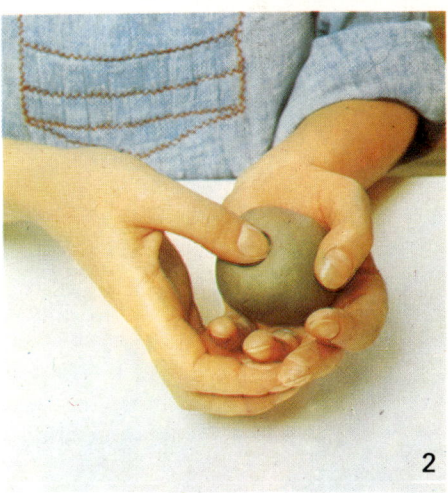

1. Ein Lehmklumpen in Größe eines Tennisballes wird in den Händen gerollt bis er glatt ist

2. Den Ball hält man in der Handfläche und drückt mit dem Daumen in die Mitte

15

3. Mit dem Daumen innen und den Fingern außen, drückt man vorsichtig den Ton, dabei dreht man ihn seitwärts

4. Man arbeitet von der Grundfläche her aufwärts. Dabei führt man eine fortfahrende spiralförmige Bewegung aus, bis die Topfwände ca. 6 mm dick sind.

5. Jeder Bruch auf der Kante wird mit der Fingerspitze, oder wenn zu trocken, mit einem feuchten Schwamm geglättet.

Nächste Seite: Einfache gedrückte Töpfe, dekoriert mit Plakatfarben oder einem eingeritzten Design, ergeben attraktive Behälter

drückt sanft den Rand, bis er rund und gleichmäßig ist. Der beste Weg wäre, die Position von Daumen und Zeigefinger umzukehren, so daß der Daumen die Form der äußeren Kante kontrolliert (Bild 4). Mit einem Finger werden die Brüche ausgeglättet, die in der Kante aufgetaucht sein könnten (Bild 5).

Am besten man arbeitet mit mehreren Tonbällen zur gleichen Zeit, wobei ihnen in den Arbeitspausen erlaubt ist, sich zu versteifen. Man drückt den Ton, bis er 2,5 cm dick ist und dreht ihn dann um auf die Kante, damit er steif wird. Stellt man ihn auf die Grundfläche, so sackt er zusammen und zerstört die glatte Innenseitenrundung. Wenn der Topf erst einmal etwas steif geworden ist, kann man ihn dünner drücken, wobei er noch immer seine gute Form behalten wird.

Mit einiger Übung können kleine Schüsseln und Vasen in ungefähr zehn Minuten hergestellt werden. Wird der Ton zu lange bearbeitet, trocknet er aus und springt. Die Brüche werden mit der Fingerspitze geglättet. Versucht man den Ton anzufeuchten, besteht leicht die Gefahr, daß er zusammenbricht. Ist der Ton zu trocken, um mit ihm bequem arbeiten zu können befeuchte man nur etwas die Hände.

Wenn man in einem späteren Stadium einen Topf brennen möchte, muß darauf geachtet werden, daß keine Falten entstehen. Falten schließen im Ton Luft ein, die ihn brechen oder sogar »explodieren« lassen, wenn er gebrannt wird.

Man beginnt mit der Herstellung einiger einfacher Schüsseln. Dabei stellt man fest, wie dünn die Schüsselwände dabei gedrückt werden können. Wenn dies gemeistert ist, geht man zu unterschiedlichen Formen über – einige runde und einige ovale. Hat man sich erst mal mit dem Vorgang vertraut gemacht, können die ersten einfachen Schüsseln und Vasen in wundervoll kontrollierte Formen gebracht werden. Auch kann man sie

Kante an Kante stellen, um eine Rundform zu erhalten, oval oder abgeflacht, was man einen Kieselstein-Topf nennt.

Bau eines Kieselstein-Topfes

Zwei Schüsseln mit dem gleichen Kantenmaß werden zusammengedrückt. Nachdem die Ränder mit einer ins Wasser getauchten alten Zahnbürste bestrichen sind, preßt man sie fest gegeneinander. Die innen eingeschlossene Luft unterstützt die Form, während der Topf bearbeitet wird.

Die Bindestelle wird verstärkt, indem ein kleines Stück Ton etwas dünner wie ein Bleistift ausgerollt und um die Bindestelle herumgedrückt wird. Diese wird nun mit den Fingern geglättet, bis die Oberfläche des Topfes glatt und die Bindestelle unsichtbar ist. Zuletzt dreht man den Topf auf eine Seite, damit die Bindestelle austrocknen kann.

Der Luft ausgesetzt, trocknet Ton bis zu einer Festigkeit von Käse oder dickem, biegsamem Leder. Dies nennt man das »lederharte« Stadium, in dem die Arbeit geschnitten, graviert und bearbeitet werden kann, ohne beschädigt zu werden.

Ein kleiner Blasentopf mit einem einfachen Design ergibt eine hübsche Vase

Ein Kieselstein- oder Blasentopf kann als rundgeglättete Kugel oder ovale Form belassen oder mit einem flachen Holzstück »geschlagen« werden, um eine strukturierte Form zu bekommen. Wenn der Topf gebrannt wird, muß er eine Öffnung bekommen, so daß die im Topf eingeschlossene Luft sich in der Hitze nicht ausdehnt. Ist der Topf im lederharten Stadium getrocknet, wird ein Loch in die Oberfläche geschnitten.

Eine Gruppe kleiner Drucktöpfe kann zusammengestellt werden, um eine Traube zu bilden. Diese Konstruktion könnte als Menage, als kleines Potpourri oder zum Aufbewahren von Ringen, Nadeln und Perlen gebraucht werden. Beim Zusammenfügen wird die gleiche Methode wie oben angewendet – beide Oberflächen werden mit einer feuchten Zahnbürste eingerieben und fest gegeneinander gepreßt.

Wird der Topf gebrannt, gibt es eine Vielzahl interessanter, dekorativer Möglichkeiten, die den Gebrauch von Glasur nicht einbeziehen. Der Topf kann »gestempelt« werden, wenn er halb trocken (im lederharten Stadium) ist oder belassen werden, bis er im knochentrockenen Zustand graviert wird. Die Form der eingravierten Dekoration geht so vor sich, daß man auf der Oberfläche des knochenharten Tons mit einer feinen Nadel oder einer Messerspitze ritzt. Designs können geometrisch oder fließend sein, können teilweise knifflig und wundervoll aussehen. Welche Dekorationsform auch gewählt wird, wichtig ist nur, die Grundform des Topfes hervorzuheben und ihr das Design unterzuordnen. Man sollte den Topf sorgfältig betrachten, während man dekorative Zugaben jeder Art plant und ausführt.

Bau von Stocktöpfen

Stocktöpfe werden so hergestellt, daß man das eine Ende eines Stockes oder das abgestumpfte Ende eines Rollholzes in einen Tonblock drückt. Es ist ein sehr einfacher und direkter Weg, lebendige und attraktive Töpfe herzustellen. Die Töpfe sollten möglichst klar und eckig gehalten werden. Runde Töpfe brauchen eine präzisere Form und Endgestaltung, um attraktiv auszusehen und werden deshalb besser auf andere Arten hergestellt.

Stocktopf

Kleine, gebrannte Stocktöpfe ergeben ausgezeichnete Pflanzentöpfe, ohne daß sie einer Glasur bedürfen. Der fertige Topf bekommt ein attraktives, strukturiertes Aussehen, wenn man den Ton bei der Aufbereitung durchknetet und mit einem Magerungsmittel von 10 bis 15% geriebenem Sand oder grobem Tonmehl vermischt. Den Stock drückt man in die Mitte des Tonblocks (Bild 1) und dreht ihn dabei leicht, bis das Ende des Stockes ungefähr 6 mm vom Boden des Tonblocks entfernt ist. Danach glättet man den Ton am Rollholz entlang und macht dabei die Wandung etwas dünner (Bild 2). Man kann aber auch durch Wegschneiden des Überschusses mit dem Schneidedraht das Gefäß dünnwandiger machen.

Stocktopf
Für einen Topf von 15 cm Höhe und 15 cm Breite braucht man: Einen viereckigen oder länglichen Block aus aufbereitetem Ton mit einem Gewicht von ca. 1 kg, geriebenen Sand, grobes Tonmehl oder Bausand, einen runden Stock oder ein Rollholz.

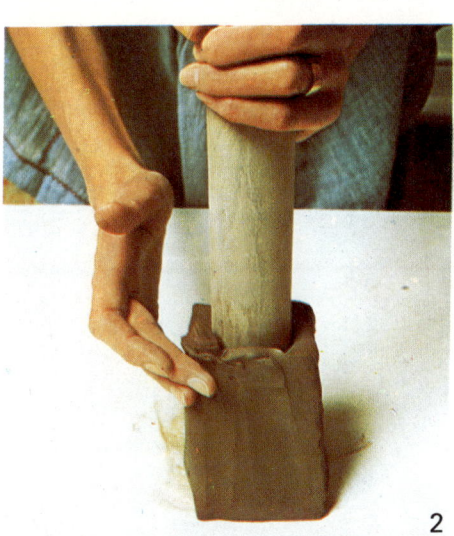

1. So wird der Stock in den Block gedrückt
2. Der Ton wird hoch gegen den Stock gepreßt

Den Draht spannt man und legt ihn ungefähr 6 mm von der Ton-Innenseite entfernt an. Nun wird bis zum Blockboden durchgeschnitten und die Seite entfernt (Bild 3). Diesen Vorgang wiederholt man auf allen vier Seiten.

Die rauhen Kanten werden mit den Fingern geglättet. Das Topfgefäß lassen wir nun stehen, bis es leicht steif geworden ist. Zum Schluß wird ein kleines Loch in den Boden – als Drainage für den Blumentopf (Bild 4) – geschnitten.

Sand oder Tonmehl im Ton geben der Oberfläche des Topfes ein rauhes Erscheinungsbild. Will man diese rauhe Endgestaltung haben, wird in die Tonoberfläche, während sie noch weich ist, mit einem Stein eine Struktur eingedrückt (Bild 5). Ein auf die Oberfläche gedrücktes Stück Holz gibt dem Gefäß auch eine tiefere Musterung (Bild 6). Noch viele andere »Werkzeuge« können verwendet werden, um interessante Oberflächen-Strukturen zu erzeugen. Wichtig ist aber, daß der Ton nicht zu fest gedrückt wird: die Form ist ja noch weich und kann leicht »verformt« werden.

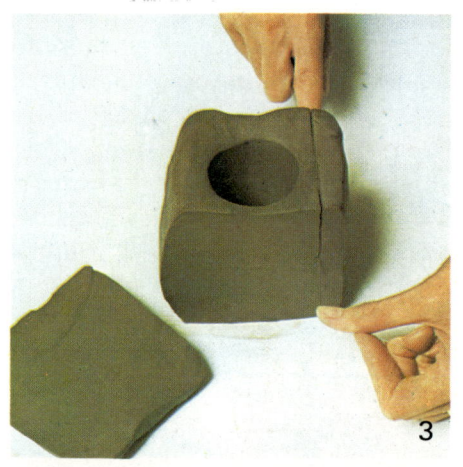

3. Überschüssiger Ton wird mit dem Schneidedraht weggeschnitten
4. Am Boden des Gefäßes wird ein Loch ausgeschnitten für den Wasserablaß
5. Mit einem Stein wird strukturiert
6. Mit einem Stück Holz wird ein tiefes Muster eingedrückt

*Stocktöpfe haben ein gefälliges Er-
scheinungsbild, das sich von selbst
für Vasen oder Lampenständer an-
bietet.*

21

Bau einer Vase

Man nimmt ein Rollholz oder einen runden Stock, um den Tonblock genauso zu öffnen, wie bei einem kleineren Stück. Die fertigen Wände dieser klumpigen Vase sollten ungefähr 6 mm dick sein.

Nun wird versucht, den Seiten ein »rautenartiges« Aussehen zu geben, indem ein Stück Holz stufenartig in die Seiten des Tons gedrückt wird. Diese Technik führt zu einem strukturähnlichen Effekt des Topfes, der sich zum plastischen Aussehen hinzufügt. Andererseits versucht man, in den Ton verschiedene Winkel zu pressen, so daß die rautenartige Oberfläche des fertigen Stückes Effekte von Licht und Schatten hervorbringt. Ein großes Gefäß, das mit dieser Musterung verziert wurde, ist eine besonders anmutige Dekoration. Große Schwappen Glasur in der Farbe kontrastierend oder übereinstimmend mit dem Tonkörper, wäre eine weitere Möglichkeit – genauso wie Designs in Schlicker oder Sgraffito, das Gefäß zu verzieren.

Bau eines Lampenständers

Unter Anwendung der Technik für Stocktöpfe, können auch Lampenständer gebaut werden. Es ist ein einfacher, aber praktischer Vorgang. Zuerst wird der Tonblock so ausgehöhlt, wie vorher beschrieben wurde. Der Lampenständer kann dabei länglich oder eckig sein. Zuerst markiert man das Loch mit einem Zirkel (Bild 7). Dann wird ein kleines Loch in die »Spitzen« geschnitten, in das die Lampenhalterung eingesetzt wird (Bild 8). Es ist zu bedenken, daß der Ton beim Trocknen schrumpft; deshalb muß das Loch für die Lampenfassung ca. 10% größer sein, um einen Schrumpfprozeß zu erlauben. Für das Stromkabel wird in der unteren Hälfte einer Seite ein Loch ausgehöhlt. Auch dieses Loch muß groß genug sein, daß es nach dem Brennen des Tons noch das Kabel aufnehmen kann, ohne daß etwa dessen äußere Isolierhülle entfernt werden müßte . . .

7. Das Loch wird mit einem Zirkel markiert
8. Nachdem das Loch ausgehoben wurde, prüft man ob die Lampenfassung reinpaßt

7

8

Arbeiten mit flachem Ton

Arbeiten mit flachem Ton über Schablonen

Das Formen von Ton in einer Schablone
Man braucht dazu die notwendige, aufbereitete Menge Ton, Werkzeug zum Ausrollen einer Tonplatte (Rollholz, Segeltuch, Stöcke zum Kontrollieren der Dicke, scharfes Messer oder Skalpell, Schneidedraht), Schüssel oder Teller als Form, Material zum Verkleiden z. B. Zeitungspapier, eine flachgeschliffene, grobe Feile oder Reibeisen.

Mit ausgerollten Tonplatten können einfache, flache Teller geformt werden. Der Ton wird in eine Form geschnitten, über oder in eine passende Form gepreßt und genau passend zugeschnitten, genauso wie ein Teigmantel.

Die Technik ist sehr schlicht. Sie wird seit Urzeiten angewendet, um Töpfe und Teller herzustellen. Variationen davon werden noch immer von primitiven Völkern praktiziert.

Viele Haushaltsgeräte können als Form genommen werden. Am einfachsten kann der Ton über oder in einer Untertasse oder einem Teller geformt werden. Am besten man wählt eine recht flache Form, über die der Ton »angepaßt« werden kann, ohne daß er gefaltet werden muß. Man denke daran, daß, wenn man seinen Ton in die ausgesuchte Form legt, sein Gefäß kleiner wird und wenn es daraufgelegt wird, größer ausfällt als die Schablone (Bilder 1, 2).

Das Formen von Ton in einer Schablone
Die Schablone wird zum Gebrauch vorbereitet. Nicht absorbierende Materialien, wie etwa Metall oder Tonware, müssen verkleidet werden, sonst bleibt der Ton an der Oberfläche kleben, anstatt die Schablone leicht zu verlassen. Zeitungen, feines Leinentuch oder Segeltuch – alles sind passende Verkleidungsmaterialien. Poröse Materialien, etwa Gips, brauchen nicht verkleidet zu werden. Die Verkleidung braucht nicht genau auf die Form zu passen, aber sie sollte flach liegen, da jede Falte Spuren an der Unterseite des Gefäßes hinterläßt.

Der Ton wird wie ein Teig ausgerollt. Wichtig dabei ist, daß er eine gleichmäßige Stärke und eine glatte Oberfläche bekommt. Für kleine Formen sollte der Ton ungefähr 3 mm dick sein. Beim Formen über dem Mantel legt man die Form auf den Ton. Nun wird die Form mit einem scharfen Messer ausgeschnitten (Bild 3).

Der Ton wird jetzt hochgehoben, auf allen Seiten abgestützt und über die Form gelegt (Bild 4). Langsam und vorsichtig werden mit den Fingerspitzen die Kanten um die Seiten der Form gedrückt (Bild 5).

Wird ein Teller geformt, so schneidet man ein grobes Stück Ton heraus, legt es über die Form und drückt es leicht herunter – von den Seiten her arbeitend.

Man muß vorsichtig mit dem Ton umgehen; nicht pressen, sondern nur fühlen, um zu sehen, ob er in die Form paßt (Bild 6). Er muß vollkommen von der Form getragen werden, bevor jede weitere Arbeit getan werden kann.

Der Überschuß an Ton wird von den Kanten des Tellers mit einem Schneidedraht abgeschnitten. Den Draht hält man während der Arbeit gespannt und drückt ihn durch den Ton bis auf die Kante der Form (Bild 7). Dann zieht man den Draht durch den Ton, wobei die Kante als Führhilfe dient, um den Überschuß zu entfernen (Bild 8).

Wird innerhalb einer Form gearbeitet, kann der Ton ruhig abtrocknen bis er sich von den Kanten der Form löst. Dieser Prozeß dauert ungefähr eine Stunde. Zum Schluß wird der Rand des Gefäßes mit einem rauhen Reibeisen oder einer Feile geglättet. Arbeitet man über der Form, muß

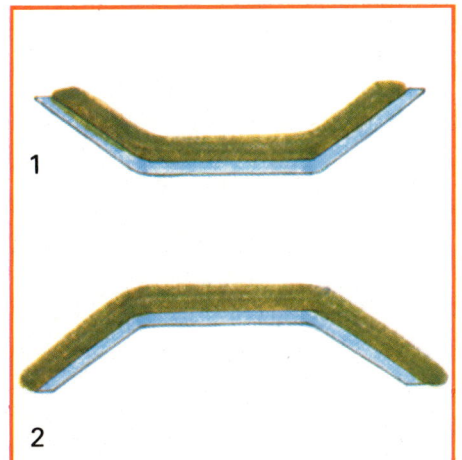

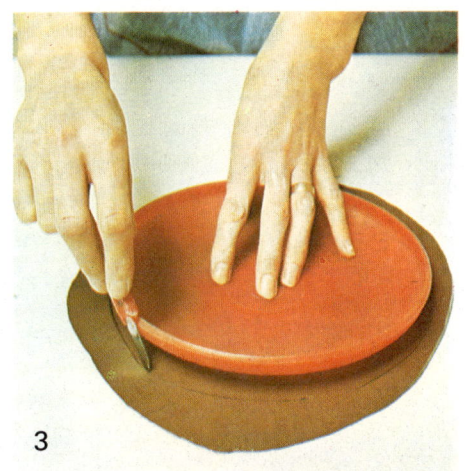

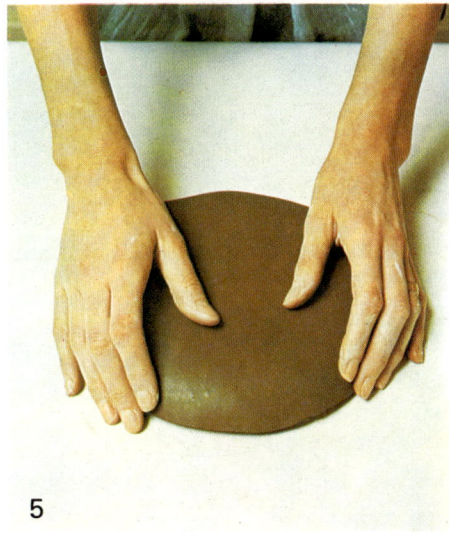

1.2. Ton kann entweder in die Form gelegt werden, um eine kleinere Form als das Original zu erhalten, oder er wird über der Schablone gearbeitet, so erhält man eine größere Form

3. Die Form liegt auf dem Ton und man schneidet mit einem Messer den Ton aus

4. Der Ton wird vorsichtig hochgehoben und auf die Schablonenform gelegt.

5. Der Ton wird in die richtige Position gebracht wobei mit den Fingerspitzen geformt wird.

der Ton vor dem Trocknen entfernt werden, sonst trocknet er an die Form an und bricht.

Experimentieren mit Formen

Man muß sich nicht durch die Untertasse und Schüsseln vorgegebenen Formen begrenzt fühlen. Auch die Pfanne einer Küchenwaage gibt eine große attraktive Fruchtschalen-Form oder eine ungewöhnliche »Schöpfkelle« für Süßigkeiten oder Nüsse. Eine Küchenpapierrolle zum Beispiel, horizontal gelegt, gibt die Schablone für ein langes, schlankes Gefäß (Bild 9).

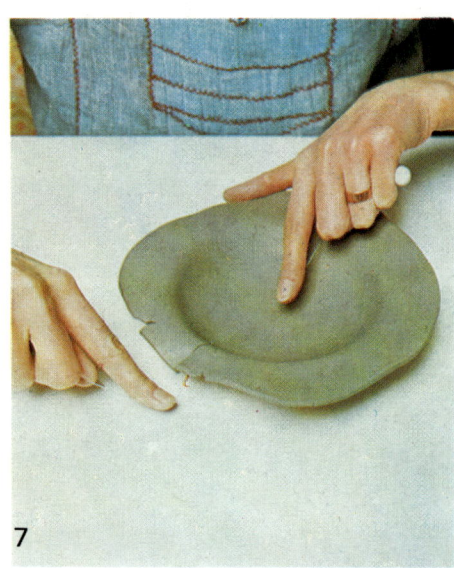

6. Der Ton wird in die Schablone hineingedrückt, wobei man fühlt ob er rundherum paßt

7. Einen scharfen Schneidedraht preßt man durch bis zur Schablonenkante.

8. Die Kante wird als Führhilfe benützt und der überschüssige Ton entfernt.

9. Eine Küchenrolle ist eine nützliche Hilfe zum Formen eines Tonbottichs.

10 a. 10 b. Für eine große Form nimmt man ein Tuch, welches auf den Beinen eines umgedrehten Stuhles befestigt ist, zu Hilfe.

11. Der Ton wird nach einer Papierschablone ausgeschnitten.

12. Über eine Segeltuchtasche wird der Ton geformt.

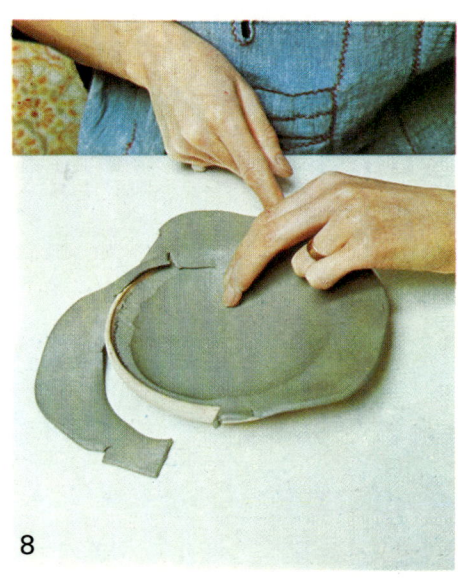
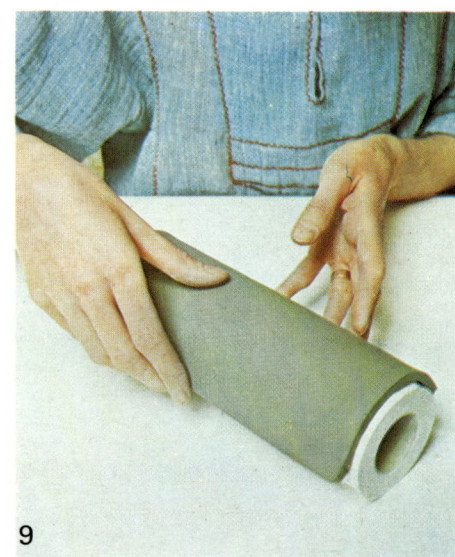

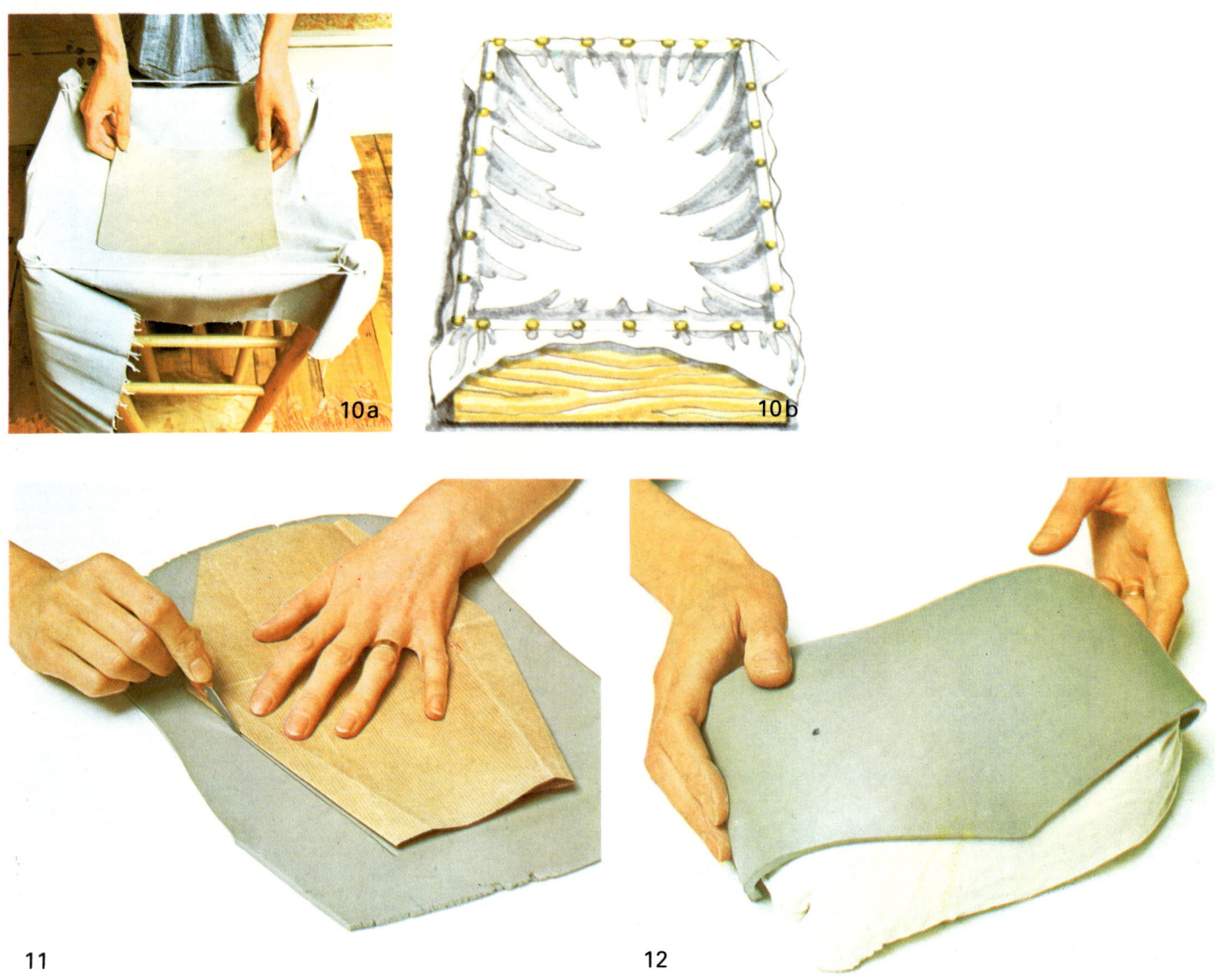

10a

10b

11

12

Für einen großen Teller kann ein viereckiges oder rechteckiges Stück Tuch von den Ecken eines herumgedrehten Stuhles oder eines Kartons aufgesetzt werden (Bilder 10a, 10b). Die Tellertiefe, auf diese Art angefertigt, hängt davon ab, wie straff das Tuch zwischen den Ecken aufgespannt wird.

Wird auf diese Weise nicht die gewünschte Form gefunden, nimmt man eine grobe Leinen- oder Segeltuchtasche, die mit lockerem Sand gefüllt wird. Der Sand kann geformt werden, um eine Aushöhlung in den gewünschten Ausmaßen zu erhalten.

Wenn eine etwas schwierigere Schablone verwendet wird, z. B. ein Drei-

13. Ein einfaches Tonmodell wird angefertigt.

14. Das Tonmodell liegt mit der offenen Seite nach unten in einem geeignetem Gefäß.

15. Gips wird um und auf den Ton gegossen.

16. Ist der Gips hart, wird das Gefäß entfernt und das Tonmodell herausgelöst.

17. Die Serienproduktion kann beginnen.

Nächste Seite oben: Fertige Gipsformen können in reichlicher Formauswahl gekauft werden.

Unten: Man sieht, daß eine einfache Technik ausgezeichnete Ergebnisse bringen kann

eck oder formt man über einer Sandtasche oder einer Waagschale, dann muß man eine getreuere Form aus dem Ton ausschneiden, bevor geformt werden kann. Nach Bedarf wird eine Papierschablone in der Form angefertigt, wie sie zu gebrauchen ist (Bild 11).

Schablonen aus Gips

Wird keine befriedigende Schablonenform gefunden oder auf irgendeine Weise improvisiert, ist es möglich, eine Schablone aus Gips herzustellen. Zuerst wird ein einfaches Modell der gewünschten Form ohne scharfe Kanten und Unterhöhlungen aus Ton gebaut. Es sollte nicht zu groß sein – speziell für das erste Experiment – und nicht tiefer als 10 cm und länger als 30 cm (Bild 13).

Das fertige Tonmodell wird in ein Gefäß gelegt (Bild 14) und Gips darübergegossen, so daß dieses ungefähr 2,5 cm bedeckt wird (Bild 15).

Nachdem der Gips hart ist, entfernt man das Gefäß und das Tonmodell aus der Gipsform. Diese kann, nachdem sie über Nacht hart wurde, benützt werden (Bilder 16, 17). Es gibt auch fertige Gipsformen zu kaufen.

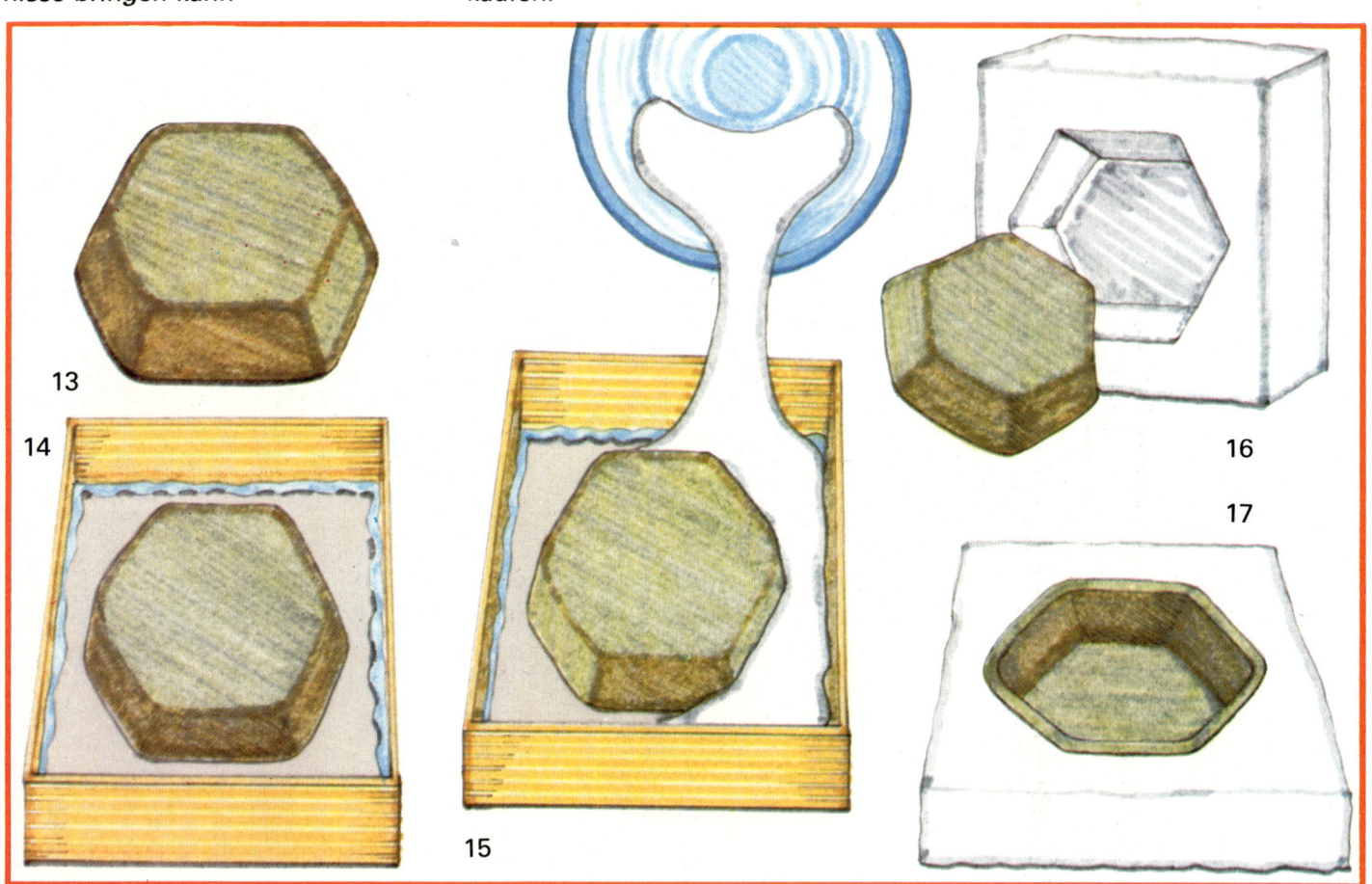

13

14

15

16

17

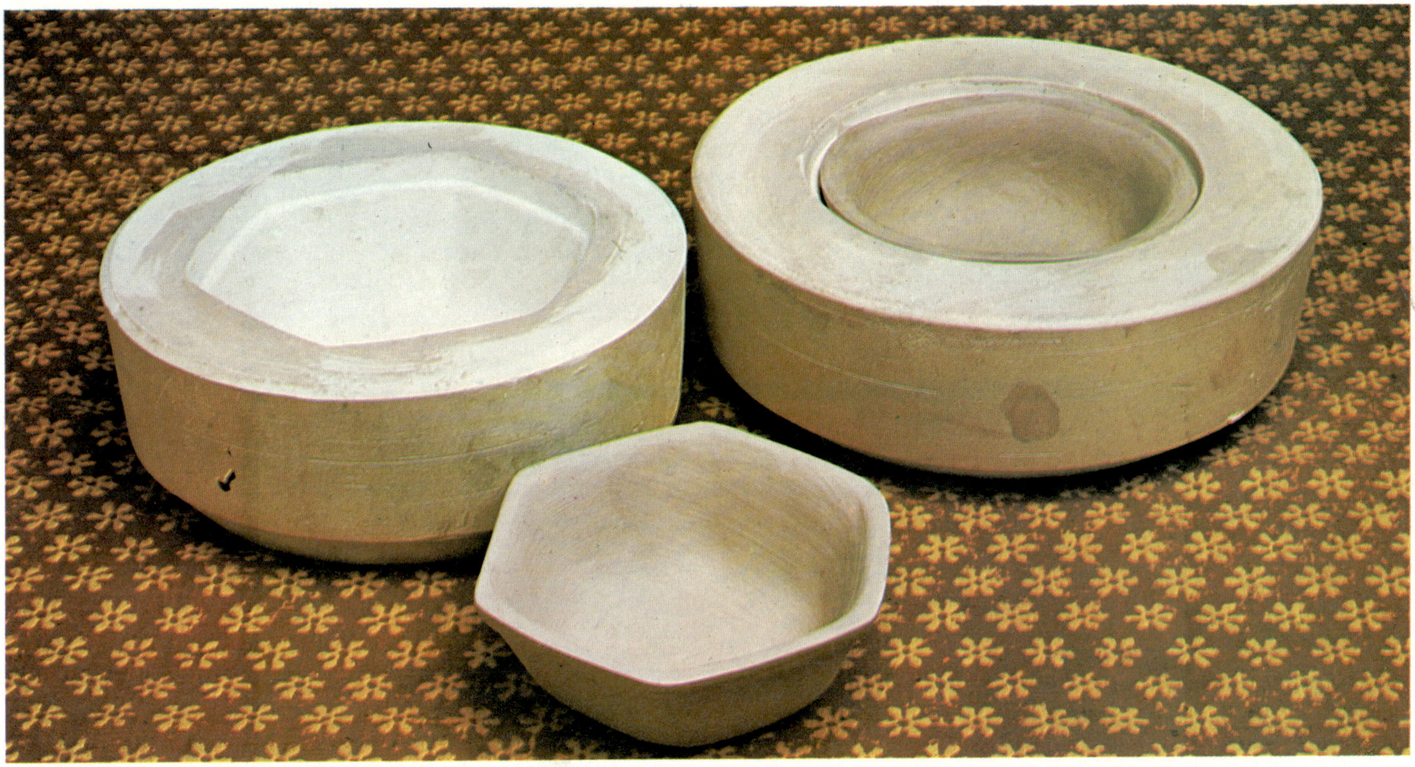

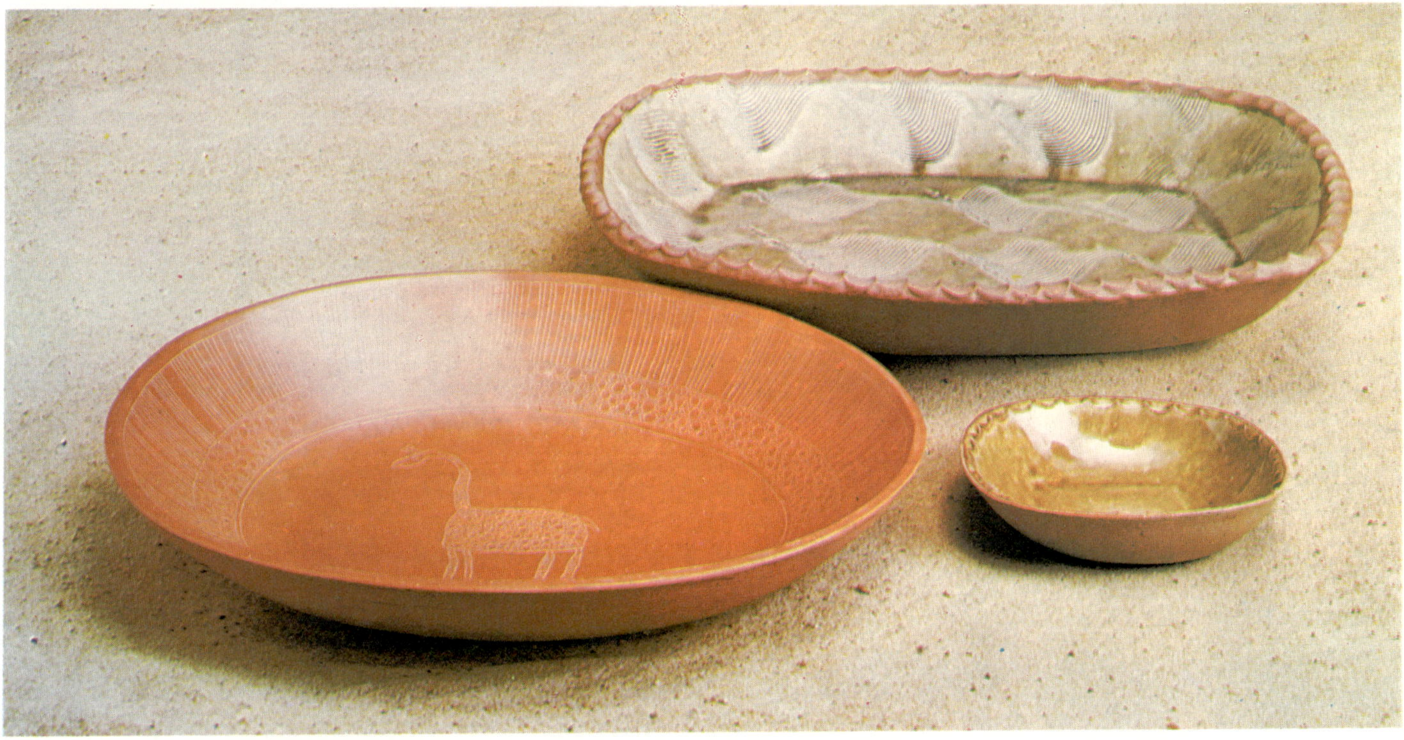

Plattentopf-Techniken

Einfacher Plattentopf
Für den Bau eines Plattentopfes von ungefähr 10×10 cm braucht man ca. 1,5 kg vorbereiteten Ton, 150 g Tonmehl, Lineal, scharfes Messer, Führhölzer, dicken Schlikker, bereitet aus dem gleichen Tontyp, aber ohne Tonmehl bzw. Sand.

Bevor man einen Plattentopf baut, muß der Ton aufbereitet werden, da dessen Wände gerade und hart sein müssen. Es hilft, wenn der Ton durch Zugabe von Sand oder Tonmehl gehärtet wird. Man knetet etwa 10%–15% des Gesamtgewichts ein, so daß die Form sich selbst trägt.

Nun wird versucht, eine einfache, viereckige Form anzufertigen. Zuerst wird der Ton auf die gebräuchliche Weise ausgerollt – unter Mithilfe von Führleisten – so daß die Platte eine gleichmäßige Dicke von ca. 6 mm erhält.

Nachdem man sich für die Größe und den Typ des Topfes entschieden hat, der hergestellt werden soll, wird er auf ein Stück Papier in allen Dimensionen gezeichnet. Die Zeichnung hilft, wenn man ans Ausschneiden der einzelnen Teile geht. Ein viereckiger Pflanzentopf von 10 × 10 cm ist für den Anfang ein gutes Maß.

Zuerst wird der Ton ausgerollt, so daß er gleichmäßig gestreckt wird. Als nächstes werden die Seiten mit einem Lineal ausgemessen, um die viereckige Grundfläche zu markieren. Wichtig ist, daß alle Ecken rechtwinklig angelegt werden. Werden die Winkel nicht absolut genau ausgemessen, wird der fertige Topf mißraten. Mit einem scharfen Messer und einem Lineal wird die Grundplatte herausgeschnitten. Dieses Stück kann jetzt auf die Seite gelegt werden und erhärten.

Als nächstes werden die vier Seitenteile ausgeschnitten. Sie müssen zur Grundfläche und gewünschten Tiefe passen. Es ist leichter, ein Stück Pappe zum Schneiden dieser Stücke zu gebrauchen, als ein Messer (Bild 1). Wird für den Topf ein rauhes Aussehen gewünscht, so bestreut man den Ton mit einer Mischung aus grobem Tonmehl und Sand, während er ausgerollt wird (Bild 2). Die Grundfläche braucht nicht so behandelt zu werden. Nun können auch diese Teile zum Trocknen und Härten zur Seite gelegt werden.

Um das Gefäß zusammenzubauen, sollten die Stücke in lederhartem Zustand sein. Sie sollten so steif sein, daß sie sich während der Arbeit nicht biegen, aber immer noch feucht genug, um zusammenzukleben und -zuhalten. Wenn die Stücke sich beim Hochheben biegen, bekommt man keine gerade, exakte Form und wenn sie zu trocken sind, kleben die Teile nicht sauber und brechen beim Brennen auseinander.

1. Die Grundfläche und Seitenteile werden mit Hilfe von Lineal und Skalpell ausgeschnitten.
2. Um ein rauhes Aussehen zu erreichen wird der ausgerollte Ton mit Tonmehl bestreut.

Man reibt die Ränder der Grundfläche mit einer angefeuchteten Zahnbürste und trägt dabei etwas Schlicker auf. Diesen Vorgang wiederholt man bei jeder Seitenteilunterkante und preßt jede Seite rundherum fest auf die Kante der Grundfläche.

Die Seitenkanten, die sich berühren sollen, werden mit Schlicker eingerieben und man preßt die Kanten fest zusammen, während die Platte aufgebaut wird (Bild 3). Nun streicht man Schlicker die Nähte herunter, so daß dies der abschließende, versiegelnde Vorgang wird (Bild 4).

Der fertiggestellte Topf soll nun langsam austrocknen. Jeder aus den Nähten durchgesickerte Schlicker sollte abgekratzt werden, wenn er steif ist. Wenn die Kanten geglättet oder geebnet werden müssen, so kann dies mit einem groben Reibeisen geschehen, bevor der Topf endgültig ausgetrocknet ist.

Man kann Stege auf die Grundplatte aufsetzen: das ergibt einen attraktiven Behälter für Hors d'oeuvres, Süßigkeiten oder Nüsse. Dabei fügt man einfache Streifen hinzu, um die Platte in mehrere Fächer aufzuteilen. Die hier gezeigte Platte mißt 20 cm im Quadrat und ist 4 cm tief. Sie wird genauso angefertigt wie oben beschrieben.

Es werden Streifen von 2 cm Breite und 9 cm Länge geschnitten. Diese Streifen werden wie gezeigt aufgelegt und ihre Position rundherum mit einem Skalpell markiert (Bild 5). Diese markierten Felder sowie die schmalen Grundflächen der Streifen, werden mit Schlick bestrichen und gegeneinandergepreßt. So werden alle Teile auf die gleiche Weise befestigt (Bild 6). Die Teilstücke sollten weder sich selbst noch die Außenwände berühren, sonst kann der Topf brechen und aus der Form geraten, wenn der Ton schrumpft.

Quadratische oder rechteckige Plattentöpfe ergeben ideale Behälter für Bonsai. Wir versuchen es mit einer rechteckigen Formgebung. Die Seiten können so hoch sein, wie sie für die Pflanzen gebraucht werden. Man hält sie aber absolut senkrecht, so daß Erde und Pflanzen wieder entfernt werden können. Diese Art Topf muß etwas Abstand zum Boden haben, damit sich die Erde entwässern kann. Wenn die Stücke zusammengesetzt sind und der Topf steif geworden ist, dann dreht man ihn um und fügt kleine Füße an.

Diese bestehen aus vier kleinen Tonblöcken, ungefähr 6 mm im Quadrat und 12 mm dick, die, etwas eingerückt, in den Ecken mit Schlicker befestigt werden (Bild 7). Der Topf braucht auch Drainagelöcher, wobei Bonsai pro Topf drei Stück benötigt, ansonsten saugen sich die Pflanzenwurzeln voll Wasser. Die Löcher schneidet man am besten zur gleichen Zeit, wenn man die Füße anbringt. Zwei oder drei verschiedene Plattentöpfe können zusammengefügt werden, um einen Behälter für einen kleinen Hausgarten zu ergeben. Dazu baut man zwei oder drei viereckige Töpfe von verschiedenen Ausmaßen. Wir beginnen mit einer kleinen Gruppe von einem 7,5 cm und einem 10 cm großen, quadratischen Topf und einem Topf von 5 cm × 7,5 cm, die Höhe bei allen drei jeweils variierend.

3. Die Kanten werden mit Schlicker befeuchtet und zusammengebracht.

4. Berührungsstellen werden mit Schlicker versiegelt.

5. Beim Herstellen einer Hors d'Oeuvre-Platte markiert man die Lage der Streifenstücke mit einem spitzen Gegenstand.

6. Jedes Streifenstück wird auf seinen Platz gedrückt.

7. Beim Bau eines Bonsai-Topfes fügt man vier Füße hinzu und schneidet Drainagelöcher hinein.

8. Dieses Bild zeigt den letzten Schritt beim Bau eines Hausgartens. Bei allen Plattentöpfen entfernt man rauhe Kanten mit einer Feile oder einem groben Reibeisen.

3

4

5

6

7

8

Die Seitenteile dieser Töpfe sollten ungefähr 6 mm dick, fest und standhaft sein, ohne Brüche, so daß sie die Pflanzenwurzeln sicher halten. Jeder Topf braucht ein Drainageloch in der Bodenplatte. Die Töpfe werden zu einer attraktiven Gruppe zusammengestellt und aneinandergefügt. Dies geschieht, indem die sich berührenden Flächen mit Schlicker eingerieben werden. Durch Herausschneiden von Streifen aus den oberen Kanten, erzielt man einen zinnenartigen Effekt. Alle rauhen Kanten werden mit einem groben Reibeisen geglättet (Bild 8). Mit dieser Technik kann man individuell jede Form und jedes Ausmaß eines Hausgartens entwickeln. Es kann auch ein kleiner oder ein größerer für die Terasse entstehen.

Pflanzentöpfe brauchen nicht glasiert werden – sie sehen natürlich und attraktiv aus mit einer rauhen, erdenen Endgestaltung. Dieser Effekt kann erhöht werden, wenn man grobes Tonmehl oder Sand auf die Oberflächen streut, wenn man die Platten ausrollt. Die Töpfe können auch auf jede andere Weise dekoriert werden. Anregungen dazu werden in einem späteren Kapitel beschrieben. Die Seiten können graviert oder eingedrückt werden oder die Innenseite eines großen, flachen Tellers kann höchst attraktiv ausschauen, wenn man mit Schlicker ein Design im fließenden oder geometrischen, natürlichen Stil zieht.

Wenn Gefäße für Lebensmittel gebaut werden, müssen sie glasiert werden.

Die Plattentechnik kann entwickelt werden, um größere Schachteln und Vasen anzufertigen. Die Methode ist gleich, aber für größere Formen muß man in der Lage sein, große Stücke von ausgerolltem Ton zu handhaben, ohne sie zu biegen oder zu wellen. Werden die Grundtechniken beherrscht, fällt es einem nicht mehr schwer, mit größeren Teilen zu experimentieren und seinen Konstruktionen größere Höhen und Weiten zu geben. Plattentöpfe brauchen nicht viereckig oder symmetrisch sein. Gut eignen sich auch flache und lange, schmale Formen. Man braucht sich nicht von der Schachtelgrundform eingeengt zu fühlen – Plattentöpfe können drei-, achteckig oder sogar sternenförmig sein.

Arbeiten
mit Tonspiralen

Einfache Spiralwulsttechniken

Das Wickeln ist ein anderer, grundsätzlicher Weg, um eine Tonform herzustellen. Bevor die Töpferscheibe erfunden wurde, war dies eine traditionelle Herstellungsweise jeder Art von Töpfen. Diese Technik wird heute noch immer angewandt, um plastische und modellierte Formen herzustellen, für große wie für kleine Töpfe. Der Ton wird zu Bällen gedrückt und dann mit den Handflächen gerollt, um bearbeitungsgerechte Wickel zu bekommen. Diese werden dann fest zusammengedrückt, einer auf die anderen, um eine Form zu bauen. Es ist höchst wichtig, daß die Wickel dicht aneinander versiegelt werden. Dies deswegen, damit keine Luftblasen zwischen ihnen eingeschlossen werden, die beim Brennen leicht »explodieren« könnten.

Wenn erst die Techniken des glatten und gleichmäßigen Ausrollens beherrscht werden, dann ist die Wickeltechnik eine einfache und fesselnde Art, um eine Vielzahl an Formen herzustellen. Auf unseren Bildern zeigen wir gewickelte Töpfe, die auf einer Drehscheibe geformt wurden.

Die Drehscheibe ist ein einfaches Zubehör, das hilfreich, aber nicht notwendig für Wickelarbeiten ist. Die Grundfläche des Topfes wird fest auf das Rad gepreßt. Während die Wickel hochgearbeitet werden, wird das Rad gedreht, so daß man die Arbeit immer zu sich gerichtet hat.

Wickeln eines Topfes mit geraden Seiten

Eine gute Form, mit der man beginnen kann, wäre ein gerader Topf von handlichem Format, der einem Übung beim Zusammenlegen der Wickel und Kontrollieren der Form gibt, während sich der Topf aufrichtet.

Zur Herstellung der Grundfläche des Topfes wird der Ton in zwei Bälle geteilt, den kleineren davon etwas größer als einen Golfball. Nun preßt man diesen kleineren Ball zu einem Kreis in der Mitte der Drehscheibe – sollte eine vorhanden sein – sonst auf der passenden Arbeitsfläche. Mit der Handfläche wird dieser Klumpen zu einer etwa 6 mm dicken Platte gedrückt.

Der große Tonklumpen wird dann zwischen den Handflächen zu einem glatten, runden Ball gearbeitet (Bild 1). Der entstandene Tonball wird mit beiden Händen zu einer gleichmäßigen Zigarrenform geformt, die an den Enden leicht spitz zusammenläuft (Bild 2).

Man arbeitet auf einer flachen, porösen Unterlage, etwa Holz oder Segel-

Topf mit geraden Seiten
Für den Bau eines Topfes mit geraden Seiten braucht man 1 kg vorbereiteten Ton. Eine Plastikfolie, um den Topf feucht zu halten, während daran gearbeitet wird. Metallschläge, glatte und zackige, dies sind biegsame Metallstreifen, die man zum Glätten und Angleichen der Topfwände braucht. Drahtschneider. Drehscheibe, sie ist aber nicht unbedingt notwendig.

1. Der Ton wird für die Grundfläche abgeflacht.

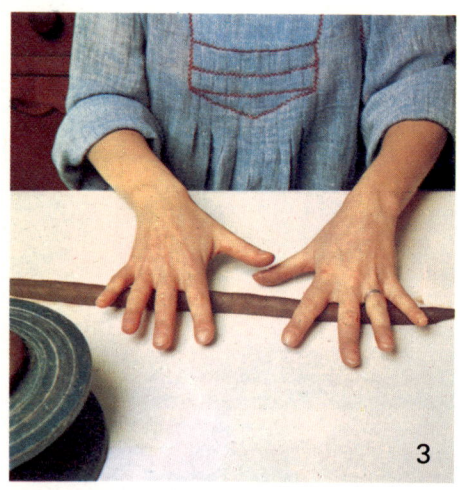

3

4

5

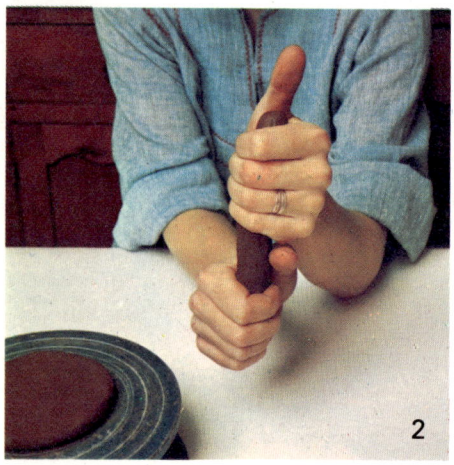

2

2. Der Ton wird vorsichtig in eine Zigarrenform gedrückt.
3. Zu einem gleichmäßigen Wickel wird der Ton gerollt.
4. Der erste Wickel wird auf die Grundfläche gelegt.
5. Die Bindestellen werden geglättet.

tuch und beginnt, die Zigarrenform in einen gleichmäßigen Wickel zu rollen (Bild 3). Hierzu braucht man etwas Übung, aber mit der Zeit wird es gelingen, einen absolut gleichmäßigen Wickel zu formen, dessen Durchmesser bei ungefähr 6 mm liegt. Die Gleichmäßigkeit ist wichtig, andernfalls mißglückt der Topf.

Die Wickel werden in angemessene Längen gerollt, ungefähr so lang wie der Umkreis der Grundfläche ist, die Enden, wenn notwendig, mit einem scharfen Messer abgeschnitten. Die Wickel müssen, um nicht auszutrocknen, mit einem Stück Plastik bedeckt werden, bis sie verarbeitet werden. Der erste Wickel wird um die Kante der Grundfläche gelegt, wobei darauf zu achten ist, ihn beim Anheben nicht zu dehnen. Nun verbindet man die Enden, indem sie zusammengepreßt werden wobei der Wickel etwas kleiner als die Grundfläche wird (Bild 4), so daß sich der Topf nicht nach auswärts biegt. Nun werden Wickel und Grundfläche sehr sorgfältig miteinander verbunden, wobei Daumen und Zeigefinger zum Abglätten nach oben oder unten hin benützt werden; gerade wie es einfacher erscheint, um die Verbindungsstelle zu verdecken (Bild 5). Dieser Vorgang wird auf der Innenseite des Topfes wiederholt. Wird eine Drehscheibe benutzt, so wird diese während der Arbeit gedreht, damit der Verbindungsvorgang rhythmisch und gleichmäßig stattfindet.

Wenn der zweite und die folgenden Wickel angebracht werden (Bild 6), muß man Luftblasen ausdrücken und dem Auswärtsbiegen des Topfes entgegenwirken. Die Wickel werden fortlaufend ineinander geglättet, während an ihnen gearbeitet wird. Dies muß nach dem Aufsetzen jeder Reihe geschehen, so lange die Innenseite des Topfes noch zugänglich ist. Von Zeit zu Zeit wird der Ton stehengelassen, um auszutrocknen. Er sollte sich beim Anfassen kräftig, aber nicht lederhart anfühlen. Wird mit zu weichem Ton weitergearbeitet, brechen leicht die Seiten des Topfes aus der Form, da mit feuchtem Ton mehr Gewicht auf den Seiten lagert.

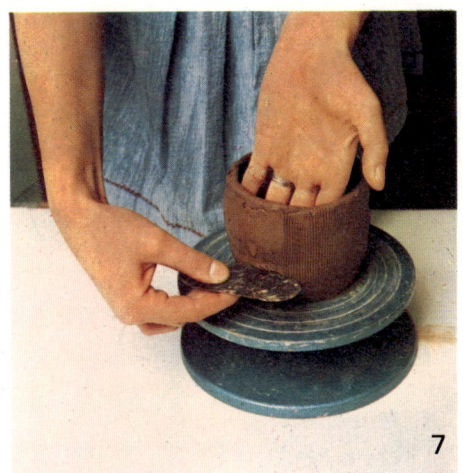

Das obere Ende wird bei Unterbrechungen mit einem Stück loser Plastikfolie bedeckt, so daß der Rand nicht zu trocken wird, um den nächsten Wickel hinzuzufügen, wenn man zu seiner Arbeit zurückkehrt.

Bricht die Spitze, wird sie mit einem trockenen Finger geglättet. Feuchtigkeit sollte nur dann hinzugefügt werden, wenn der Bruch hartnäckig bleibt und der Ton sich nicht mehr plastisch anfühlt. Die Seiten des Topfes können auch geglättet und die Form kontrolliert werden, wenn man den gezähnten Metallschlag um die Form herumführt, während die Handfläche die andere Seite abstützt (Bild 7). Dieses Herunterkratzen hilft bei der Suche nach irgendwelchen Unebenheiten in den Tonwänden. Diese Unebenheiten werden mit einem kleinen Stückchen Ton ausgefüllt und fest mit dem Daumen auf die Fläche gepreßt (Bild 8). Bei dieser Arbeit muß man sich vergewissern, daß der Ton ganz eingearbeitet wird. Die Fläche wird mit dem gezähnten Metallschlag geglättet, bis sie gleichmäßig ist. Ein gezähnter Metallschlag zeigt sehr schnell irgendwelche Unregelmäßigkeiten. Die eingekratzte Struktur, die er hinterläßt, kann als dekorativer Effekt zurückbleiben oder mit einem glatten Metallschlag überarbeitet werden. Hat der Topf die gewünschte Höhe erreicht, schließt man ihn ab. Der Topfrand ist immer besonders wichtig, weil man ihn immer zuerst betrachtet. Wenn der Ton fest aber noch nicht lederhart ist, wird der Rand mit dem rechten Mittelfinger geglättet, wobei er mit Daumen und Mittelfinger der linken Hand gehalten wird (Bild 9). Der Rand wird geglättet, bis er rund und gleichmäßig ist.

Der Topf bleibt auf der Drehscheibe stehen, bis er lederhart geworden ist. Dann legt man den Schneidedraht zwischen Grundfläche und Drehscheibe an und schneidet ihn ab. Der Topf wird umgedreht und die Grundfläche sowie die Seiten nochmals mit dem glatten Metallschlag geglättet, entdeckte Unebenheiten in den Wänden werden, wie vorher beschrieben, mit feuchtem Ton aufgefüllt.

6. Weitere Wickel werden auf die Innenseite der vorangegangenen gelegt.

7. Die Seiten werden mit dem Metallschlag geglättet.

8. Unebene Flächen werden mit Ton aufgefüllt.

9. Der Topfrand wird geglättet.

Einfache Gefäße in dieser Art ergeben attraktive Blumentöpfe, Vasen, Wasserbecher und andere, nützliche Haushaltsgegenstände.

Wickeln eines gerundeten Topfes

Die Grundfläche eines gerundeten Topfes wird in der gleichen Weise konstruiert wie die bei dem Topf mit den geraden Seiten. Zuerst legt man zwei oder drei Wickel so auf, als sollte ein Gefäß mit senkrechten Wänden entstehen.

Dann aber legt man die Wickel so, daß sie jeweils auf der äußeren Kante des unteren Wickels liegen (Bild 10). Es ist ganz besonders wichtig, daß der Ton austrocknen kann, während gearbeitet wird, da sonst die Form zusammenbricht. Ist der Topf weit genug ausgeweitet, zieht man die Form zusammen, indem Wickel um die Innenseite des vorangegangenen Wickels gelegt werden (Bild 11). Dieser Vorgang wird so lange fortgeführt, bis der Topf ein befriedigendes, rundes Aussehen hat.

Schmalere und dünnere Wickel können auf diesen gerundeten Topf aufgebaut werden, um eine auffallende, attraktive Form zu erhalten. Ein Krug entsteht, indem eine »Lippen«-Form in das spitz zulaufende Gefäß gedrückt wird.

Weitere Spiralwulsttechniken

Wird erst die grundsätzliche Spiralwulsttechnik beherrscht, können auch abenteuerlichere Formen in Angriff genommen werden. Überraschenderweise ist es möglich, wirklich große Töpfe durch die Spiralwulsttechnik herzustellen, bei denen es schwer wäre, sie auf irgendeine andere Art und Weise herzustellen.

Diese Gefäße können nach ihrem dekorativen Wert oder als Behälter für Blumenarrangements benützt werden. Um große Stücke herzustellen, sollten große Wickel genommen werden; außerdem ist größere Sorgfalt notwendig, um den Ton trocknen zu lassen, während daran gearbeitet wird. Man nimmt einen Tonball, groß genug, um ihn mit beiden Händen halten zu können. Diesen drückt man in eine Zigarrenform, diesmal ungefähr in einen Durchmesser von 2,5 cm.

Den Ton rollt man vorsichtig in der flachen Hand ab, um einen langen Streifen von ca. 4 cm Breite zu erhalten (Bild 12). Um ein Ankleben des Wickels zu vermeiden, wird er beim Abflachen hochgehoben. Diese größeren Wickel werden in der gleichen Weise gebaut, wie bei gerundeten Töpfen (Bild 13), nach außen abschrägend, um den Topf auszuweiten, nach innen abschrägend, um ihn zusammenzuziehen. Der Topf wächst umso schneller, je exakter die Wickel angewendet werden und umso einfacher ist es, die Wände dünn und gleichmäßig zu bekommen. Dabei wird es schwieriger, die Form zu kontrollieren, je höher das Gefäß wird. Von Vorteil ist daher, wenn man diese Technik mit kleinen, runden Wickeln beherrscht, wie es vorangehend beschrieben wurde, bevor man große Arbeiten beginnt.

Spiralwulsttechnik an einer Schablonenform

Sollte es schwierig sein, eine befriedigende Form zu erreichen, während man sich darauf konzentriert, die Wickel zusammenzufügen, besteht die Möglichkeit, sein Gefäß um eine passende Schablonenform herumzuformen. Bei einer festen Schablone wird nur eine Form erreicht, die weiter als die Grundfläche wird, da es sonst unmöglich wäre, die Schablone zu entfernen, wenn das Wickeln beendet ist. Es ist jedoch möglich, eine attraktive runde Form um einen Ballon oder einen aufblasbaren Gummiball herum herzustellen. Dabei werden die Wickel in der gleichen Weise aufgebaut wie beim gerundeten Topf, wobei darauf geachtet werden muß, daß sie gut von der Außenseite abgesiegelt sind. Ist der Ton ausgetrocknet, wird die Luft herausgelassen und der Ballon entfernt; der Ton trägt sich nun selbst. Die Außen- und Innenseite wird mit einem Metallschlag geglättet. Das untere Ende kann mit einem flachen Holzstück oder einem Buttermesser geschlagen werden, um somit eine angemessene Grundfläche für den Topf zu erhalten.

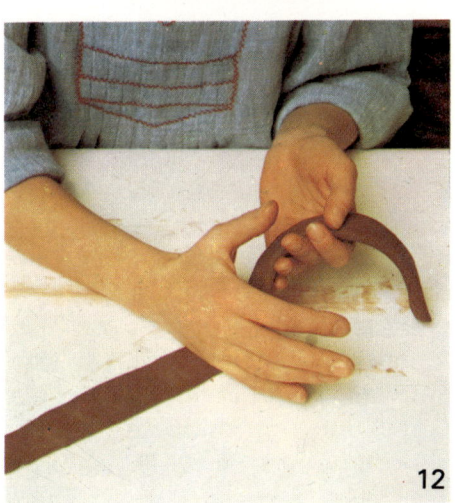

10. Die Topfform wird nach außen gebracht.
11. Das Gefäß wird wieder zusammengezogen.
12. Der Wickel wird abgeflacht um einen Streifen zu erhalten.
13. Streifen werden in der gleichen Weise aufgebaut.

Gewickelte Gefäße für die Küche

1. Der gebogene Griff des Kruges wird befestigt.
2. Mit einem hölzernen Werkzeug wird die Verbindungsstelle geglättet.
3. Die »Lippe« wird ausgeformt.

Das Wickeln ist ein ausgezeichneter Weg, um alle Arten von Töpfen und Schüsseln für die Küche herzustellen. Bei offenen Servierschüsseln benützt man ausgerollte Platten als Grundfläche. Kasserollen können mit Deckeln hergestellt werden. Schüsseln, Becher und Krüge sind auch ideal für die Wickelmethode geeignet.

Es ist wichtig, daß der Griff an einem Krug oder an einer Schüssel die richtige Größe und Form hat, damit er die Form des Gefäßes vervollständigen kann. Man fügt einen runden Griff einer vollen Form, einen kleinen Knauf einer geradseitigen Kasserolle hinzu.

Der hier gezeigte Krug hat eine runde Form und der gebogene Griff paßt gut zu dieser Linienform. Um einen Griff herzustellen, rollt man einen Wickel aus Ton und drückt mit dem Daumen an beiden Enden den Ton etwas flach. Man läßt den Griff dann etwas erhärten.

Hat man sich genau entschieden, wo der Griff befestigt werden soll, reibt man beide Oberflächen ab, wo der Griff befestigt werden soll und bestreicht sie mit Schlicker. Nun wird das obere Ende des Griffstreifens in seine Position gebracht und angepreßt. Mit einem glatten Metallschlag glättet man nach und verdeckt die Bindestelle. Der Griff kann jetzt in die gewünschte Form gebogen werden; das untere Ende wird nun in der gleichen Weise befestigt (Bild 1).

Für einen Henkel an einer Kasserolle schneidet man aus einer ausgewalzten Platte einen kleinen Halbkreis.

Das Tonstück wird leicht gebogen, um dem Griff eine angemessene Rundung zu geben. Nun werden die zu verbindenden Oberflächen aufgerauht mit Schlicker bestrichen und fest zusammengepreßt.

Man nimmt ein hölzernes Modellierholz, um die Oberfläche bei den Verbindungsstellen zu glätten (Bild 2). Ein sorgfältiges Abglätten der Ton-Oberfläche ist wichtig: dann sitzt der Henkel wirklich fest.

Wurde der Rand eines Kruges beendet, bleibt er stehen, bis der Ton leicht gehärtet ist, aber immer noch dehnbar bleibt. Nun näßt man den Zeigefinger der rechten Hand an und unterstützt mit der linken Hand die andere Seite des Kruges, formt eine Lippe, und zwar mit dem Daumen und einem zweiten Finger (Bild 3). So bekommt man einen Ausguß an dem Krug.

Verzieren von gewickelten Töpfen

Gewickelte Töpfe aller Typen können auf viele Arten dekoriert werden, wie sie in späteren Kapiteln beschrieben werden. Man kann die Wickel auf der Außenseite ungeglättet bleiben lassen; so bleibt ihre Entstehung sichtbar. Die Innenseite des Topfes sollte aber immer glatt sein, zumindest für ein leichtes Reinigen, wenn er zur Aufbewahrung von Nahrungsmitteln gebraucht wird. Nahrungsmittelbehälter sollten auf der Innenseite auch glasiert werden.

Nun kann man auch ein Design anfertigen, durch die auftretenden Daumenabdrücke, die beim Zusammendrücken der Wickel vorkommen, oder man glättet mit einem gezähnten Metallschlag, um einen rauh strukturierten Effekt zu erreichen. Eingedrückte und gravierte Muster können auch höchst attraktiv aussehen, wenn sie dreist und verwegen ausgeführt werden.

Um den einfachen Effekt zu vergrößern, glasiert man das Gefäß und versucht es einmal mit gedämpften Oxyden oder weich glänzenden Farben. Die Form ist oft attraktiv genug und braucht nicht mehr als eine einfache, ergänzende Farbe.

Griffe für Krüge und Schüsseln

Um verschiedene Griffe herzustellen braucht man eine kleine Menge vorbereiteten Ton, er sollte aber etwas fester als üblich sein, eine alte Zahnbürste, eine Schüssel mit Wasser, Schlicker, einen glatten Metallschlag, ein Modellierholz.

Die Wickelmethode ist ideal zur Herstellung für Küchengeräte, wie etwa Kasserollen. Der ungebrannte Sahnetopf zeigt eine »Wickelkonstruktion«.

Grundtechniken
auf der Töpferscheibe

Auswahl einer Töpferscheibe

Die Töpferscheibe gab es schon in Mesopotamien, ungefähr 4000 vor Christi Geburt. In Ägypten tauchte sie erst viel später auf. Ihr Gebrauch wurde in Zeichnungen der Dritten Dynastie aufgezeichnet, die ungefähr 2000 v. Chr. ihre Blütezeit hatte. Diese frühen Scheiben waren große Holzscheiben, Steinscheiben oder aus gebackenem Ton, die auf einem Drehpunkt gelagert waren. Der Töpfer mußte die Scheibe mit seiner freien Hand oder mit den nackten Füßen drehen. Obwohl man heutzutage weiterentwickelte Scheiben bekommen kann, werden in China und Japan noch immer die handgetriebenen Scheiben benutzt. Die Scheibe ist um die Kante herum eingekerbt und auf einer Spindel gelagert. Der Töpfer drückt einen kurzen Stock in eine der Kerben und bringt das Rad zum Drehen, wobei er ständig diesen Vorgang wiederholt, sobald die Drehbewegung nachläßt.

Die erste, größere Entwicklung auf dem Gebiet der Töpferei war die Erfindung der Schwungscheibe. Hier wurde der Radkopf, auf dem die Töpfe geformt wurden, an einer langen Spindel befestigt, die sie mit dem fußgetriebenen Schwungrad darunter verband. Dieses bedeutete, daß der Töpfer in einer komfortablen Position arbeiten konnte, wobei er beide Hände frei hatte. Spätere Erfindungen brachten Räder mit unterschiedlichen Geschwindigkeiten, Räder mit Seitenpedalen, so daß der Töpfer sitzen konnte, und Antriebsräder. Die Grundprinzipien blieben jedoch sehr einfach.

Verschiedene Töpferscheiben

Heute gibt es zwei unterschiedliche Typen von Töpferscheiben: Die mechanische (sie wird mit dem Fuß oder der Hand angetrieben) und die automatische, die mit einem Elektro-Motor läuft. Die Art der Töpferscheibe, die gewählt wird, hängt von der Arbeit ab, die man machen will, vom verfügbaren Raum und der Geldmenge, die man ausgeben kann. Allgemein gesagt: Für große und schwere Töpfe braucht man eine robuste und kräftige Scheibe, vielleicht mit Elektro-Antrieb, wahrscheinlich ein Antriebsrad, wie andererseits ein leichtgewichtiges Tretrad für das Drehen kleiner Töpfe angemessen ist.

Elektrisch getriebene Töpferscheiben sind recht einfach im Gebrauch. Man kann sich dabei vollkommen auf die Arbeit der Hände konzentrieren. Wurde erst einmal das Werfen gelernt, können eine Menge Töpfe

leicht und schnell hergestellt werden. Tretrad-Scheiben sind schwieriger im Gebrauch, da es wesentlich ist, die Aktivität von Händen und Füßen zu koordinieren. Jedoch gibt es Töpfer, die glauben, daß wenn man erst einmal die Kunst der tretradgetriebenen Scheibe beherrscht, auch besser Töpfe herstellen kann.

Ideal wäre es, wenn man verschiedene Töpferscheiben bei einem Lieferanten ausprobieren könnte. Auf diese Weise fände man heraus, welche Scheibe sich am besten eignet. Bevor eine Scheibe gekauft wird, sollte man sich auch den zur Verfügung stehenden Platz ansehen. Einige Töpferscheiben sind recht groß und es wäre wichtig, nicht nur diejenige auszuwählen, die der eigenen Vorstellung entspricht, sondern die auch nicht zu massig ist, damit es mit der Tür keine Schwierigkeiten gibt. Genauso wichtig ist es, das Gewicht des Tons zu testen, den die Scheibe tragen kann. Werden größere Töpfe geplant, wird eine Scheibe benötigt, die große Mengen Ton tragen kann.

Beim Kauf einer Töpferscheibe sollte auch die Drehgeschwindigkeit ausprobiert werden. Einige Scheiben arbeiten nur bei hoher Geschwindigkeit, die jedoch die Fertigung verschiedener Töpfe einschränkt. Je schneller sich die Scheibe dreht, desto schneller muß der Töpfer arbeiten. Die Geschwindigkeit einer Scheibe steht in direktem Verhältnis zur Geschicklichkeit und Schnelligkeit des Töpfers, der es benutzt.

Es gibt zwei unterschiedliche Typen von Scheiben: Die Drehmoment-Scheibe, und die Kurbel-Scheibe.

Die Drehmoment-Scheibe wird von den Füßen des Töpfers gedreht und zwar auf einem schweren Schwungrad. Das Werfen wird bei abflachendem Drehmoment getätigt.

Die Kurbel-Scheibe wird durch ein fußbetriebenes Pedal gedreht und zwar in einer Vorwärtsbewegung.

Das zahnradgetriebene Tretrad ist eine Variation der Kurbel-Scheibe. Es hat den Vorteil, daß es weniger sprunghaft arbeitet. Es hat eine bessere Geschwindigkeit und einen gleichmäßigen Rhythmus.

Eine gute Töpferscheibe sollte ein sehr solides, stabiles Gestell und ein schweres Schwungrad haben. Der Sitz oder das Tretpedal sollte verstellbar für die persönlichen Anforderungen sein. Die Muskeln können überanstrengt werden, wenn man in einer schlechten Position sitzt oder arbeitet. Es ist wichtig, daß man in der Lage ist, leicht zu treten, ohne sich mit dem ganzen Körper zu bewegen.

Elektrisch betriebene Scheiben gibt es ebenfalls in verschiedenen Typen, unter denen man wählen kann.

Die neueren Modelle sind mit variabler Motorgeschwindigkeit ausgestattet. Die Vorteile dieser Scheiben sind, daß sie große Geschwindigkeitsvariationen haben, von 0–300 Umdrehungen pro Minute, daß sie weich laufen und leicht zu handhaben sind.

Das doppelkonische Treibrad ist auch leicht zu handhaben und ist viele Jahre einsatzbereit. Es ist solide, robust, verläßlich, aber neigt dazu,

Vier Arten einer Töpferscheibe.
Oben links: Ein Kurbel- oder Direktrad, das im Stehen mit dem Fuß bedient wird.
Oben rechts: Eine Drehscheibe mit verschiedenen Geschwindigkeitsstufen welche mit einem Motor angetrieben wird.
Unten links: Ein zweikegeliges Treibrad mit Geschwindigkeiten zwischen 0–500 Umdrehungen.
Unten rechts: Eine Töpferscheibe, die mit einem Motor angetrieben, und im Stehen bedient wird.

Wenn die Wurftechnik erst einmal beherrscht wird, erlaubt sie dem Töpfer eine Vielzahl von Formen zu schaffen.

recht schnell mit seinen Geschwindigkeiten im Bereich von 50–500 Umdrehungen pro Minute zu sein. Das Friktiontreibrad hat einen einfachen Kegel-Motor und ist auch leicht zu handhaben.

Die Geschwindigkeit wird bei allen diesen Scheiben durch ein Fußpedal reguliert, wobei der Druck die Geschwindigkeit bestimmt, mit der die Scheibe sich dreht. Schmieren und Ölen sind normalerweise alles, was man zur Instandhaltung zu tun hat.

Eine über ein Zahnrad getriebene elektrische Scheibe kann man auch bekommen. Dieser Typ wird oft in Schulen benutzt, aber er läuft nicht sehr weich und muß jedes Mal gestoppt werden, wenn man die Geschwindigkeit ändern will. Man muß auch mehr für die Instandhaltung tun als bei anderen Scheiben.

Bevor eine elektrische Scheibe gekauft wird, muß geprüft werden, ob der Schutzkasten und die Starterknöpfe wasserfest sind. Dies ist wichtig, damit die Scheibe nicht unter Strom steht.

Werfen von Töpfen

Der Ausdruck »werfen« bezieht sich auf die Zentrifugalkraft, die durch die sich drehende Töpferscheibe entsteht und den aufbereiteten Ton nach außen wirft. Das Prinzip der Herstellung eines Topfes auf der Töpferscheibe ist, die Hände als Gegenkraft zu benutzen, daß sich der Ton in der Mitte dreht. Beobachtet man einen gewerbsmäßigen Töpfer bei der Arbeit, so sieht die Kunst des Werfens leicht aus, aber tatsächlich ist damit eine Menge Geschicklichkeit und Übung verbunden. Durch stetes Üben, wenn möglich täglich, wird man das »Gefühl« für diese Arbeit bekommen. Wenn die Kunst des Werfens erst einmal gemeistert wird, dann erlaubt die Scheibe dem Töpfer eine umfangreiche Formvielfalt in relativ kurzer Zeit herzustellen. Man kann auch mit großen Mengen Ton arbeiten, um somit größere Töpfe zu bekommen. Die beste Form jedoch, mit der man starten sollte, ist der einfache Zylinder, da er, ausgenommen von Schüsselformen, die Basis für beinahe jede geworfene Form darstellt.

Bau eines einfachen Zylinders

Bevor man ausgehöhlte Formen auf der Scheibe fertigen kann, muß der Ton zentriert werden. Das heißt, der Ton muß sich weich und gleichmäßig in der Mitte des Radkopfes drehen. Wenn er bei Beginn nicht absolut genau zentriert wird, ist es unmöglich, den Ton unter Kontrolle zu halten. Am besten beginnt man mit einem halben Dutzend Tonbällen und übt mit diesen. Man sollte sich darauf vorbereiten, in diesem frühen Stadium Ton zu verschwenden.

Beim Zentrieren von Ton legt man die Materialien und Werkzeuge so hin, daß sie leicht erreicht werden können. Eine Schüssel mit Wasser, die hinter der Scheibe steht, ermöglicht, die Hände stetig anfeuchten zu können. Die Scheibe wird angefeuchtet. Dann werden ebenfalls die Hände angefeuchtet, denn es ist wichtig, den Ton die ganze Zeit über feuchtzuhalten, da er sonst an den Händen klebenbleibt. Man muß vorsichtig sein und ihn nicht zu sehr nässen, da er sich sonst in einen unbearbeitungsfähigen Matsch verwandelt.

Einen Tonball preßt man nun fest auf das Zentrum der Scheibe und setzt sie gegen den Uhrzeigersinn in Bewegung. Wenn man die linke Hand um den Ton und die rechte Hand um die Spitze legt, dann gibt man gleichmäßigen Druck mit den Handflächen. Diese Bewegung sollte den Ton

Einfacher Zylinder

Um einen einfachen Zylinder zu bauen braucht man etwa 6 Tonkugeln von jeweils ca. 250 g Gewicht, eine Töpferscheibe, Schüssel mit Wasser, Schneidedraht, einen kleinen Schwamm. Ein geradseitiges Holzwerkzeug mit punktförmigem Ende zum Trimmen, ein Holzbrett zum Abstellen des fertigen Topfes. Zeitungen um ein Ankleben des Topfes am Brett zu verhindern.

Diese Bilder zeigen, wie man einen einfachen Zylinder herstellt, unter Anwendung der Techniken des Kegeln, Aushöhlens und Hochziehen der Wände.

1. Mit gleichmäßigem Druck beider Hände wird der Tonklumpen auf der Töpferscheibe befestigt.

2. Um den Ton zu kegeln, legt man beide Hände um in herum und drückt ihn dann herunter.

standhaft machen und ihn gleichmäßig drehen (Bild 1). Man achte darauf, die Arme und Hände so gerade wie möglich zu halten. Die Arme werden gegen den Radkasten gestützt und die Ellbogen gegen den Körper gelegt. Wichtig ist es, die Hände steif zu halten. Zuerst werden sie unsicher sein, aber mit Übung wird man in der Lage sein, sie zu kontrollieren.

Die nächste Bewegung nennt man kegeln. Dabei legt man beide Hände um den Ton und drückt von den Handgelenken aus nach vorn. Dies sollte den Ton in eine kegelförmige Form bringen. Wenn der Ton sich aufrichtet, folgt man ihm mit den ihn einkreisenden Händen (Bilder 2, 3).

Jetzt drückt man den Kegel mit dem linken Handballen wieder herunter, wobei man zur gleichen Zeit mit der rechten Hand den Ton zur Mitte der Scheibe stößt (Bild 4). Die auf- und niedergehende Bewegung sollte mehrere Male wiederholt werden, um den Ton in eine gute, gleichmäßige Festigkeit zu arbeiten und die Luftblasen herauszubekommen, die noch immer innen eingeschlossen sein können.

Man muß vorsichtig sein, um in diesem Stadium keine Aushöhlung in den Ton zu formen, da sonst Luft in den Seitenwänden des Topfes eingeschlossen werden könnte, die ihn zerspringen läßt, wenn er gebrannt wird. Wenn sich eine Aushöhlung bildet, fährt man mit den Kegelformbewegungen mit festem Druck fort, bis der Ton erneut von gleichmäßiger Festigkeit ist.

Wenn der Ton einige Male auf diese Weise bearbeitet worden ist, sollte er sicher zentriert sein. Wenn er zentriert ist, wird er sich weich drehen, wenn die Hände vollkommen still bleiben. Bis dies erreicht ist, sollte man noch nicht zum nächsten Punkt übergehen. Ein unzentrierter Topf wird wackeln, geht fortschreitend weiter aus der Form, wenn versucht wird, ihn zu öffnen.

Ist man sicher, daß der Ton zentriert und unter Kontrolle ist, kann man dazu übergehen, ihn auszuhöhlen.

Beim Aushöhlen legt man die linke Hand um den Ton, um ihn abzustützen. Mit dem Zeigefinger der rechten Hand wird ein Eindruck in der Mitte des Tons gemacht. Dann nimmt man den Daumen der linken Hand, um den Finger steifzuhalten und preßt ihn in den Ton, bis die Fingerspitze beinahe auf der Scheibe ist (Bild 5).

Jetzt zieht man den Finger auf dem Boden des Topfes direkt zu sich hin (Bild 6). Diese Bewegung formt die Grundfläche des Topfes. In diesem Stadium sollte die Seitenwand ungefähr 2,5 cm dick sein. Wenn der Topf noch immer unter Kontrolle ist und sich gleichmäßig dreht, kann begonnen werden, die Seitenwände hochzuziehen. Wurde die Kontrolle über den Ton verloren, kann es notwendig werden, von vorn zu beginnen. Ist man soweit gekommen, die Wände des Topfes hochzuziehen, dann sollte die Geschwindigkeit des Radkopfes herabgesetzt werden. Mit mehr Erfahrung kann die am besten geeignete Geschwindigkeit herausgefunden werden, die man für seine Arbeit braucht. Die Finger der linken Hand

werden gegen die Innenseite des Topfes gelegt und das Gelenk des rechten Zeigefingers gegen die Außenseite. Jetzt drückt man mit den Händen die Topfseiten nach oben (Bild 7). Diese Bewegung gibt dem Topf Höhe und verdünnt gleichzeitig die Seiten. Die Hände werden langsam aufwärts bewegt – zusammen mit dem Ton – wobei die ganze Zeit gleichmäßig gedrückt wird. Erlaubt man dem Topf auszubrechen, verliert man leicht die Kontrolle über ihn (Bild 8). Geschieht es aber trotzdem, beginnt man am besten mit einem neuen Topf. Der Ton des mißglückten Topfes kann zu einem späteren Zeitpunkt wiederverwendet werden, wenn er gelegen hat und neu aufbereitet wurde.

3.4. So wird der Ton zentriert.
5.6. Der Ton wird ausgehöhlt um die Grundfläche zu erhalten.
7. Die Wände des Topfes werden verdünnt, indem sie nach oben gedrückt werden. So erhält man die Höhe des Gefäßes.
8. Bricht das obere Ende aus, wie dieses Bild zeigt, muß von neuem begonnen werden.

Zum Kontrollieren nimmt man einen guten, geraden Zylinder mit gleichmäßigen Seitenflächen. Mit dem Schneidedraht schneidet man dann von der Spitze bis zum Boden durch den Topf. An diesen Hälften kann die Gleichmäßigkeit und Dicke der Wände und der Grundfläche (Bild 9) überprüft werden. Der Topf sollte zur Grundfläche hin ein wenig dicker sein, aber wenn die Grundfläche zu dick ist, trocknet sie ungleichmäßig aus und bricht. Diesen Vorgang sollte man solange üben, bis man gute Zylinder herstellen kann. Wenn man soweit ist, den Topf von der Scheibe zu nehmen, macht man zuerst den Rand gut fertig. Mit einer Fingerspitze der linken Hand wird inseitig des Randes angesetzt und mit einer Fingerspitze der rechten Hand setzt man leicht auf den Rand an, drückt dann vorsichtig, bis man dann einen gleichmäßigen Rand bekommen hat (Bild 10). Mit dem punktförmig zulaufenden, hölzernen Werkzeug wird der überschüssige Ton vom unteren Rand des Topfes geschnitten (Bild 11). Dies läßt den fertigen Topf nicht nur nett aussehen, sondern macht es auch einfacher, unter der Grundfläche zu schneiden.

Nun stellt man die Geschwindigkeit der Scheibe zurück und nimmt einen kleinen Schwamm, um überschüssiges Wasser wegzuwischen, das sich in der Innenseite des Topfes gesammelt hat (Bild 12). Jetzt hält man die Scheibe an, nimmt den Schneidedraht und preßt ihn fest mit beiden Händen vor dem Topf auf die Scheibe. Zwischen Topf und Scheibe wird er nun durchgezogen. Nachdem eine kleine Menge Wasser hinzugefügt wurde, wiederholt man den Vorgang, wobei das Wasser zusammen mit dem Draht durchgestoßen wird.

Der Topf sollte sich nun leicht von der Scheibe lösen (Bild 14). Man schiebt ihn auf ein hölzernes Brett, welches mit Zeitungspapier bedeckt ist, um ihn vor dem Festkleben zu schützen.

Bau verschiedener Zylinder

Kann man einen guten Zylinder werfen, versucht man, mehrere in der gleichen Größe herzustellen. Man wiegt eine spezifische Menge Ton aus und arbeitet ihn zu einem vorbestimmten Ausmaß. Zum Beispiel sollte man einen Zylinder von 7,5 × 6,5 cm von 250 g Ton und einen Zylinder von 10 × 7,5 cm von 350 g Ton werfen können.

Man braucht eine Menge Übung, um gleiche Zylinder herstellen zu können, aber während der ganzen Zeit, in der gearbeitet wird, lernt man verstehen, wie Ton und Töpferscheibe arbeiten und wie sie kontrolliert werden können.

Man brennt und glasiert die fertigen Zylinder, indem die Technik angewendet wird, die in späteren Kapiteln beschrieben ist. So einfach diese Form auch ist, ein gut gebauter Zylinder ergibt eine attraktive Vase. Fertigt man sechs Stück davon an, kann man sie als Trinkgläser oder Becher ohne Griffe benutzen. Ein größerer Zylinder kann auch zu einem Krug gemacht werden, wenn eine Lippe »angeformt« und ein einfacher Griff angebaut wird, wie auf Seite 71 beschrieben.

9. Um die Gleichmäßigkeit von Wänden und Basis zu prüfen, teilt man einen Zylinder in zwei gleiche Hälften.

10. Ist man mit seinem Zylinder zufrieden, trimmt man den Rand mit den Fingerspitzen.

11. Überschüssiger Ton wird mit einem punktförmig zulaufenden Werkzeug von der Grundfläche getrimmt.

12. Hat sich Wasser in der Innenseite des Topfes gesammelt, wird es mit einem Schwamm weggewischt.

13. Das Rad wird angehalten und der Topf mit dem Schneidedraht abgeschnitten.

14. Vorsichtig wird der Topf vom Radkopf genommen und zum Trocknen zur Seite gestellt.

Schalen, Platten, Schüsseln

Obwohl die Zylinder-Grundform die Basis für viele geworfene Formen darstellt, werden Schüsselformen nicht vom Zylinder entwickelt – genauso wenig wie Teller und Platten, welche eine Variation der Schüsselform darstellen.

Eine Schüssel sollte eine fließende Kurve an der Außenseite und auf der Innenseite haben. Um diese Kurve zu erreichen, muß der Topf auf eine andere Art geöffnet werden als der Zylinder.

Wenn man eine Schüssel ausformt, muß man daran denken, daß genug Ton – mindestens 6 mm – an der Grundfläche übrigbleiben muß, um die Seiten zu stützen, wenn sie nach außen gestoßen werden. Dieser überschüssige Ton sollte im lederharten Stadium weggeschnitten werden und zwar im Umdrehprozeß, wie auf Seite 63 beschrieben.

Möchte man eine Schüssel mit einer flachen Grundfläche bauen, muß man wie folgt vorgehen: auf der sich langsam drehenden Scheibe drückt man den Ton nach außen in einer fortgesetzten Kurve mit dem Zeigefinger der rechten Hand und nimmt die linke Hand, um die Masse zu unterstützen. Wenn man einen Zylinder öffnet, wird der Zeigefinger flach auf dem Topfboden gehalten, aber bei einer Schüssel sollte er leicht nach oben kurven und die linke Hand sollte leicht von unten her einschneiden (Bild 1).

Man unterstützt die Schüssel mit der rechten Hand, wobei der Daumen

inseitig vom Rand liegt und krümmt die Wände nach oben hin mit der linken Hand (Bild 2). Mit den Fingerspitzen der linken Hand innen und denen der rechten Hand außen drückt man die Wände nach außen und hoch in einer steten, gekrümmten Bewegung. Die rechte Hand sollte gradlinig von unten her hochgebracht werden, bis sie die linke Hand überschneidet (Bild 3) und krümmt die Schüssel leicht nach innen. Man achte darauf, daß sich die Scheibe recht langsam dreht, andernfalls wird die Schüssel aus der Form wackeln und muß aufgegeben werden.

Wenn die Schüssel fertig ist, muß der Rand geglättet und die Schüssel von der Töpferscheibe genommen werden.

Soll eine Schüssel hergestellt werden, deren Wandung nach außen schwingt, so beginnt man den Ton in einer flachen Form zu öffnen.

Während die äußere Kante mit der linken Hand unterstützt wird, drückt man sie ständig mit den Fingerspitzen der rechten Hand, um die Schüssel zu öffnen (Bild 4). Nun nimmt man den Handballen der linken Hand, um die Wände hochzustoßen, unterstützt sie dabei mit der rechten Hand, Daumen innen, die anderen Finger außen (Bild 5). Der kleine Finger der rechten Hand sollte leicht unter die Grundfläche der Schüssel schneiden. Mit den Fingerspitzen der linken Hand inseitig und denen der rechten Hand an der Außenseite, drückt man die Wände vorsichtig nach außen und nach oben (Bild 6). Nach den Endarbeiten entfernt man die Schüssel wie gewohnt.

Nach außen gebogene Schüssel
Dazu braucht man etwa 600 g vorbereiteten Ton und die gleichen Werkzeuge, die man auch zum Bau einer ebenflächigen Schüssel benötigt.

1. Der Ton wird mit dem Zeigefinger der rechten Hand nach außen gedrückt. Mit der linken Hand unterstützt man dabei die Ton-Masse.
2. Die Wände werden mit der linken Hand hochgebogen.
3. Mit der rechten Hand wird der Ton hochgezogen, bis er die linke Hand überlappt.
4. Durch ständigen Druck mit den Fingerspitzen wird die Schüssel geöffnet.
5. Mit dem Handballen der linken Hand werden die Topfwände hochgezogen.
6. Die Topfwände werden nach außen und oben gezogen.

Um eine weitgeöffnete Schüssel herzustellen, sollte man wie vorher beschrieben vorgehen, bis das in Bild 5 gezeigte Stadium erreicht wird. Man zieht die Wände aus, indem sie mit der rechten Hand von unten her unterstützt und mit der linken Hand nach außen und oben gezogen werden (Bild 7).

Anfertigen verschiedener Teller und Platten

Möchte man weite, flache Platten oder Teller anfertigen, ist es am besten, sie auf einer Unterlage zu formen. Dies, weil es eigentlich unmöglich ist, eine flache Form ohne Verzerrung von der Scheibe zu nehmen.

7. Die Topfwände werden nach außen gezogen und mit der rechten Hand unterstützt.

8. Hier wird mit der Handfläche eine glatte Oberfläche gesichert.

9. Ein Stück Ton wird aus der Mitte der Fläche herausgeschnitten.

10. Jede Unebenheit wird geglättet.

11. Mit dem Holzwerkzeug werden Rillen eingeschnitten.

Eine formgebende Unterlage wäre einfach eine Scheibe aus Asbest oder wasserabweisendem Holz, die den gleichen Durchmesser wie die Töpferscheibe haben sollte. Unterlagen können gekauft oder einfach improvisiert werden. Wenn der Teller oder die Platte geworfen wurden, können sie mit der Unterlage von der Scheibe zum Trocknen genommen werden und aus diesem Grunde ist es günstig, wenn man mehrere Unterlagen hat.

Viele Töpferscheiben sind so ausgebaut, daß sie solche Schablonen aufnehmen können. Man kann die Unterlage aber auch mit Ton auf der Scheibe befestigen. Dazu legt man vorbereiteten Ton auf die Scheibe und nimmt die Handflächen, um ihn herunterzudrücken und abzuflachen. Der Ton muß gleichmäßig ausgebreitet werden, bis zur Kante der Scheibe. Mit der Handinnenseite wird eine glatte Oberfläche erreicht (Bild 8). Mit einem Holzwerkzeug schneidet man ein Stück von 5 cm im Durchmesser aus der Mitte heraus (Bild 9). Dies hilft, daß die Unterlage fest klebt.

Mit der Seite des Holzes geht man leicht an die Oberfläche, um jede Unebenheit wegzukratzen (Bild 10). Mit der Spitze des Holzes schneidet man dann eine Serie von Rillen (Bild 11). Dies hilft auch, daß die Unterlage gut klebt. Nun feuchtet man die eingeritzte Oberfläche des Tons an und preßt die Unterlage fest auf ihren Platz. Die Unterlage sollte nun sofort kleben, aber es ist ratsam, sie einige Minuten vor dem Werfen liegen zu lassen. Wenn die Unterlage nicht vollkommen fest liegt, wird sie wackeln und man kann nicht auf ihr arbeiten.

Wird ein Teller geworfen, ist der gebräuchliche Aushöhlungsprozeß nicht notwendig. Wenn der Ton erst einmal zentriert ist, dann spreizt man ihn über die Oberfläche der Unterlage aus und zwar in der gleichen Weise, wie der Ton, auf dem die Unterlage befestigt ist.

Mit der Handinnenseite spreizt man den Ton beinahe zu dem Ausmaß, das gewünscht ist. Er muß flach in der Mitte sein und sich sehr leicht zum Rand hin heben. Um dies zu erreichen, muß man mehr Druck zur Mitte des Tellers hin geben – und weniger zur Kante hin (Bild 12).

Eine Unterlage wird befestigt
Dazu braucht man etwa 1 kg vorbereiteten Ton, ein punktförmig zulaufendes Holzwerkzeug, eine Unterlage und eine Töpferscheibe.

Werfen eines Tellers auf eine Unterlage
Dazu braucht man etwa 1 kg vorbereiteten Ton, eine Töpferscheibe mit darauf befestigter Unterlage, eine Schüssel mit Wasser, Schneidedraht und ein Holzbrett zur Abnahme des Tellers von der Scheibe, sowie ein punktförmig zulaufendes Holzwerkzeug.

12. Der Ton sollte in der Mitte flach sein und zur Kante etwas ansteigen.

13. Mit den Fingerspitzen der rechten Hand schneidet man unter die Kante.

Man schneidet unter die Tellerkante mit den Fingerspitzen der rechten Hand, wobei mit der linken Hand der Rand verstärkt wird (Bild 13). In der gleichen Position hält man seine Hände, um den Rand hoch- und ausstoßen zu können, leicht von links nach rechts stützend (Bild 14).

Die Bodenkante wird mit einem Holzwerkzeug auf die gewohnte Weise verjüngt. Jetzt hält man die Töpferscheibe an und schneidet unterhalb der Unterlage mit dem Schneidedraht durch und entfernt diese Schablone, während der Teller in seiner Position bleibt. Der Teller darf nicht von der Unterlage entfernt werden, bis er lederhart geworden ist. Hat man diese Technik gemeistert, sollte man in der Lage sein, sein eigenes Tee- und Tischgeschirr anzufertigen. Es ist natürlich für Anfänger nicht immer möglich, Reihen von gleichgroßen und gleichgeformten Tellern herzustellen. Man sollte aber daran denken, daß etwas von dem Charme handwerklicher Töpferei in dem individuellen Unterschied zwischen den Stükken liegt, auch wenn sie zur gleichen Serie gehören.

Um eine flache Platte mit vertikalen Seiten herzustellen, folgt man den Anweisungen für eine Platte bis zum Punkt, wo der Ton vollkommen abgeflacht ist, wie in Bild 12 gezeigt ist.

Nun werden die Wände hochgezogen, indem man die linke Hand vollkommen still auf der Innenseite hält und den Ton mit den Fingerspitzen der rechten Hand stößt (Bild 15). Dann schneidet man um die Grundfläche der Platten mit dem Holzwerkzeug herum und entfernt die ganze Unterlage von der Scheibe, wie dies auch bei der Herstellung von Tellern beschrieben ist.

Wurde die Unterlage von der Scheibe entfernt, reinigt man diese mit einem Holzspatel von Ton. Die Scheibe rotiert dabei, so ist die Reinigung ziemlich einfach. Man gewöhne sich an, immer gleich nach Arbeitsschluß alle Ton-Reste zu entfernen: dann sind sie noch weich und mit einem Holzspatel abzulösen. Mit Metallwerkzeugen zerkratzt man die Scheibe . . .

14. Der Rand wird sorgfältig hoch und nach außen gezogen.
15. Durch sorgfältiges »Drücken« des Tons mit den Fingerspitzen der rechten Hand zieht man die Wände hoch.

Drehen von fertigen Töpfen

Drehen ist der Name, den man der Technik gegeben hat, bei der die Wandstärken von einem Topf im lederharten Stadium dünner gemacht werden. Das Drehen findet auf der Scheibe statt und ist ein wesentlicher Prozeß für die Töpfe, die schnell geworfen worden sind. Kann man einen guten Zylinder werfen, der leicht und gleichmäßig ist, kann das Drehen nicht mehr notwendig sein, aber es ist immer notwendig, eine geworfene Schüssel zu drehen.

Schüsseln müssen mit einer dicken Wand an der Grundfläche geworfen werden, um die Seiten zu stützen, wenn diese nach außen zur Spitze hin ausbrechen. Vor dem Drehen ist die Schüsselform unfertig (Bild 1). Das Ziel des Drehens ist es, den überschüssigen Ton wegzuschneiden, dabei der innseitigen Kurve zu folgen und einen Fußring zu schneiden, welcher der Arbeit Leichtigkeit und Balance gibt.

Der Spannkopf

Ein Spannkopf (Bild 1) besteht aus einem Stück geformtem, hartem Ton der die Innenseite in der Zone des Randes unterstützt. Der Topf sitzt auf dem Spannkopf, so daß der Rand die Scheibe nicht berührt. Man feuchtet die Scheibe und die Grundfläche des Spannkopfes an. Dann legt man ihn in die Mitte der Scheibe und kopft ihn fest auf seinen Platz. Der Topf wird dann umgedreht über dem Spannkopf plaziert.

Drehwerkzeuge

Werkzeuge zum Drehen kann man bei Töpferei-Zulieferern beziehen. Es gibt solche, die aus Stahl- oder Aluminiumstreifen gemacht und im rechten Winkel gebogen sind, und andere, hergestellt aus Kupferdraht und eingesetzt in einen Holzgriff, die man für feinere Arbeiten braucht (Bild 2). In jedem Fall ist das Schneideende geschärft, ähnlich wie bei einem Meißel. Persönlicher Geschmack entscheidet, welches Werkzeug für welche spezielle Arbeit gebraucht wird. Zwei Drahtwerkzeuge und ein (hausgemachtes) Bandeisenwerkzeug sollten auf jeden Fall vorhanden sein.

Drehen einer Schüssel

Man schneidet so lange Ton vom Spannkopf ab, bis er in die Innenseite der Schüssel paßt (Bild 3). Die Maße werden mit der Schüssel (Bild 4) geprüft, die fest auf dem Spannkopf liegen soll.

1

1. Ein Spannkopf ist ein Stück steifer Ton, welcher geformt wurde um den Topf in der Randzone zu stützen. Manchmal nehmen Töpfer auch Spannköpfe aus Gips oder Plastik.

Drehen einer Schüssel
Dazu benötigt man eine Töpferscheibe, einen Spannkopf, eine geformte Schüssel im »lederharten« Stadium, Drehwerkzeuge und eine in Kork steckende Nadel.

Die Schüssel wird auf den Spannkopf niedergesetzt, wobei sich die Scheibe ziemlich schnell dreht. Die Schüssel muß perfekt auf dem Spannkopf zentriert werden. Wenn sie es nicht ist, kann sie sogar von der Scheibe fliegen. Es stellt sich gleich heraus, ob sie zentriert ist oder nicht. Wenn nicht, wird sie auf- und niederstampfen. Es kann sein, daß die Schüssel öfters zu entfernen und neu aufzusetzen ist, bevor sie in der richtigen Position liegt.

Eine in Kork eingelassene Nadel dient zum Markieren des Fußstegs (Bild

2

2. Dies sind zwei Typen von Dreh-werkzeugen: Rechts aus Aluminium im rechten Winkel, links aus Holz mit Kupferdrähten.

5). Die Größe des Fußes kann nach Geschmack und Design des Gefäßes bestimmt werden. Man sorge dafür, daß er in einem ausgewogenen Verhältnis zur Form der Schüssel steht.

Man unterstützt die Schüssel leicht mit der linken Hand und hält die Schneidekante des Bandeisenwerkzeuges gegen den Topf und entfernt gradlinig den überschüssigen Ton. Wo der Ton am dicksten ist, beginnt man (Bild 6).

Wenn die Tonwände dünner werden, beginnt man nahe dem Rand und bewegt sich zur Basis hin. Kurz vor der Markierung für den Fußring hält man an und der Fußring wird sich in gewisser Weise selbst schaffen. Wird nahe dem Fußring gearbeitet, nimmt man die Kante des Drehwerkzeuges, so daß ein spitzer Winkel gezogen werden kann (Bild 7).

Nun wird der Topf vom Spannkopf genommen, damit man die Dicke der Wände und die Form überprüfen kann. Wird zuviel Ton abgeschnitten, wird der Topf zerstört. Mit dem punktförmigen Ende des Drahtwerkzeu-

3. Der Spannkopf wird so hergerichtet, daß er in die Innenseite der Schüssel paßt.

4. Man probiert, ob die Schüssel darauf paßt.

5. Die Stelle wird markiert wo der Fuß hinkommen soll.

6. Mit dem Banddrehwerkzeug wird überschüssiger Ton gradlinig abgeteilt.

7. Mit der Kante des Drehwerkzeugs wird ein spitzer Winkel hergestellt.

7

ges wird das Zentrum des Fußringes ausgearbeitet (Bild 8). Mit der runden Seite eines Schneidewerkzeuges wird der überschüssige Ton vom Zentrum des Fußrings entfernt (Bild 9). Um den Prozeß zu vervollständigen, hält man den Topf richtig herum, um Ausmaß und Balance des Fußringes zu prüfen. Man kann auch die Wanddicke mit dem Auge und durch sehr leichten Druck mit den Fingerspitzen (Bild 10) prüfen.

Es liegt in der Natur des Drehens, daß nur eine bestimmte Menge an Dekoration erreicht werden kann. Alles, was möglich ist, ist das Ausschneiden einer Serie parallel verlaufender Ringe auf der Topfaußenseite (Bild 11). Jedoch kann die Anzahl, Weite und Zusammensetzung der Ringe variieren; so können dennoch attraktive Designs entstehen.

Man sollte natürlich auch nicht meinen, daß man immer und bei jedem Stück zusätzliche Dekore anbringen soll. Eine gute Form braucht nichts weiter, um zu wirken. Durch Dekor kann man oft sogar die Harmonie der Form mindern, kann man das gute Aussehen eines Stückes beeinträchtigen. Seien Sie also zurückhaltend – so groß die Versuchung beim Drehen auch sein mag, mit den Drahtwerkzeugen ein wenig zu spielen und Ringe, Ringreihen oder größere Kerben in das weiche Material zu schneiden.

8. Um die Mitte des Fußringes auszuarbeiten, nimmt man das punktförmige Ende des Schneidewerkzeuges.

9. Überschüssiger Ton wird aus der Mitte des Fußringes mit dem Drahtwerkzeug entfernt.

10. Die Wandstärke wird geprüft.

11. Zur Dekoration können Ringe in die Außenseite geschnitten werden.

8

9

10

11

Geworfene Gefäße auf der Töpferscheibe

Verschiedene Möglichkeiten zum Bau eines Zylinders

Hat man genügend gerade Zylinder geworfen, kann man die Form variieren, so daß jeder konkav in der Mitte wird.

Zuerst fertigt man einen Zylinder in der gewünschten Größe an. Die Scheibe läßt man bei der gleichen Geschwindigkeit drehen. Man legt die angefeuchteten Hände um die Zylinderaußenseite (Bild 1). Jetzt drückt man sehr leicht mit beiden Händen nach innen. Die Hände bewegt man stetig den Zylinder hinauf, im Druck nachgebend, wenn man zum oberen Ende kommt (Bild 2). Der Rand des Zylinders wird in der gwohnten Weise beendet, so daß er glatt und abgerundet ist (Bild 3).

Zugabe eines Griffes

Wenn ein Griff gewünscht wird, sollte er im lederharten Stadium hinzugefügt werden. Der beste Weg, einen starken, gutgeformten Griff herzu-

1. Die Drehscheibe und die Zylinderaußenseite wird mit den Händen angefeuchtet.

2. Die Hände werden stetig den Zylinder hinaufbewegt, wobei man mit dem Druck nach oben hin nachläßt.

3. Der Rand wird auf die übliche Weise beendet.

Anfertigen von Griffen

Dazu braucht man etwa 1 kg vorbereiteten Ton, ein Stück Asbestbrett von ca. 30 cm im Quadrat, eine Nadel die in einem Korken steckt.

4. Ein Tonklumpen wird in den Handflächen in eine Kegelform gebracht.

5.6. Das spitze Ende wird in einer »Melkbewegung« nach unten gezogen.

7. Man fährt fort einen langen Streifen herzustellen.

8. Mit dem Zeigefinger drückt man eine Länge ab.

9. Die Stellen auf die der Henkel angebracht werden soll, werden mit einer Nadel angekratzt.

10. Der Tonstreifen wird gegen die aufgekratzte Fläche gedrückt.

stellen ist es, ihn zu ziehen. Man nimmt einen Klumpen Ton in die Fläche einer Hand und klatscht ihn von Handfläche zu Handfläche, bis er kegelförmig wird (Bild 4). Nach diesem Vorgang wird das weite Ende des Kegels in die linke Hand genommen und das punktförmige Ende in einer Melkbewegung nach unten gestrichen (Bilder 5, 6).

Diesen Vorgang wiederholt man, bis ein langer Streifen entstanden ist (Bild 7). Nur aus Erfahrung kann man sagen, wie lang und wie dick dieser Tonstreifen sein sollte. Man muß versuchen, einen Griff herzustellen, der im Verhältnis zu dem Topf steht, für den er gebraucht wird. Er muß stark genug sein, ihn zu halten, wenn er voll Flüssigkeit ist.

Es ist daran zu denken, daß der Streifen nässer als der lederharte Topf ist und sich leicht zusammenzieht, wenn er trocknet. Wenn Länge und Dicke stimmen, legt man den Streifen auf das Asbestbrett und nippt ihn mit einem Zeigefinger hoch (Bild 8). Jetzt wartet man einige Zeit, damit der Griff etwas austrocknen kann. Das Asbestbrett beschleunigt diesen Vorgang.

Um zu sehen, ob er genügend getrocknet ist, wird der Streifen vorsichtig angehoben. Er muß steif aber noch flexibel sein. Wenn er zu trocken wird, bricht er leicht. Ist er dagegen zu naß, klebt er an den Fingern oder bricht zusammen.

Den lederharten Zylinder nimmt man und kratzt mit einer Nadel die Oberfläche des Zylinders dort ein, wo der Griff angebracht werden soll

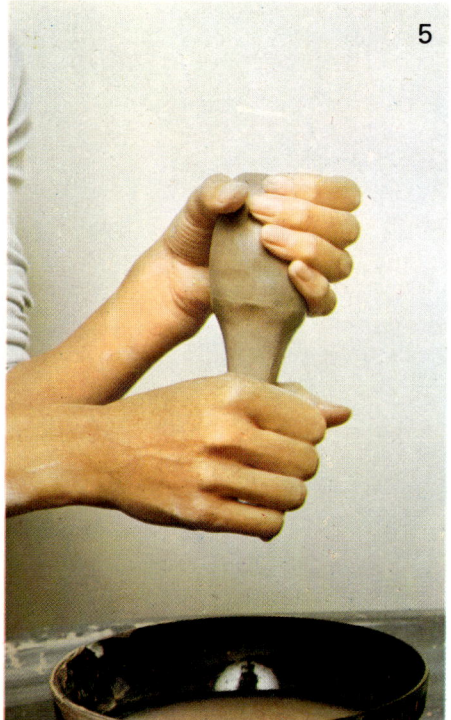

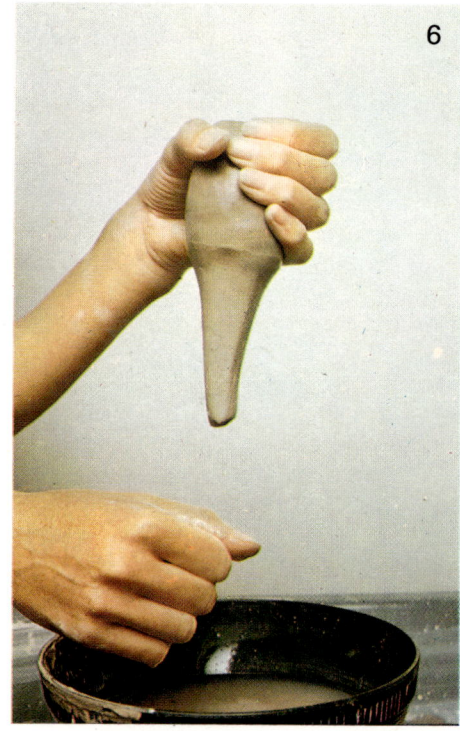

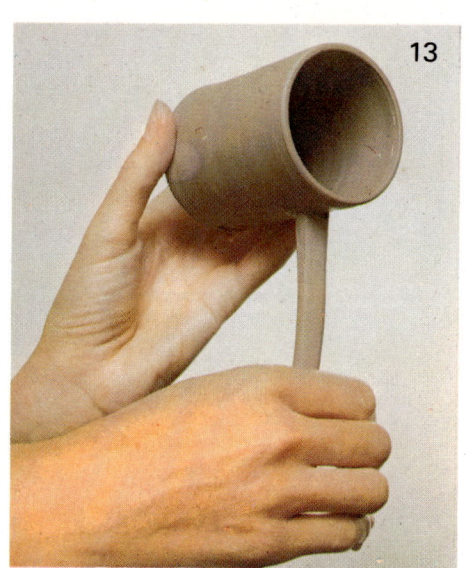

11. Um die Bindestelle wird herumgeglättet.

12. Der Streifen wird auf die untere, aufgekratzte Fläche gedrückt.

13. Es kann nötig sein, den Streifen etwas mehr auszuziehen.

14. Das untere Ende anpressen.

15. Die Verbindungsstelle wird geglättet.

(Bild 9). Bei dem gezeigten Topf wurde das obere Ende des Griffes ein Drittel unterhalb des oberen Randes und das untere Ende beinahe an der Grundfläche angebracht.

Man taucht einen Finger in den Schlicker, der sich im Radkasten angesammelt hat und schmiert etwas davon auf die obere, aufgekratzte Fläche und auf das Ende des Tonstreifens. Den Topf mit der linken Hand stützend, preßt man den Tonstreifen fest gegen die obere, aufgekratzte Fläche (Bild 10). Die linke Hand zur Unterstützung des Topfes von der Innenseite nehmend, glättet man die Kanten des Tonstreifens mit dem Zeigefinger, so daß die Verbindungsstelle in den Körper des Topfes übergeht (Bild 11). Wenn das obere Ende des Griffes fest an seiner Stelle sitzt, biegt man den Tonstreifen in einen Bogen und legt das Ende gegen die untere aufgekratzte Fläche (Bild 12).

Bevor das untere Ende des Griffes auf seinen Platz gepreßt wird, prüft man, ob die Weite genauso ist, wie man sie haben will. Der Griff sollte eine gute, geschwungene Kurve haben, die weit genug für die Finger sein sollte. Wenn der Bogen zu kurz wird, kann es notwendig werden, den Tonstreifen noch etwas weiter auszuziehen (Bild 13). Denken Sie auch hier daran, daß der Ton beim Brennen schrumpft. Sie sollten auch nachher noch in den Henkel greifen können.

Hat man einen befriedigenden Bogen bekommen, verwendet man den Schlicker genauso wie vorher, um das untere Ende des Griffes auf seinen Platz zu pressen. Jeder Überschuß wird fortgestrichen (Bild 14).

Mit dem Zeigefinger wird das untere Ende des Griffes fest angepreßt und die Bindestelle geglättet (Bild 15). Aus einem einfachen Zylinder wird so ein attraktiver und nützlicher Trinkbecher. Dieser kann in der üblichen Weise glasiert und gebrannt werden.

Krüge aus einem Zylinder

Wie schon beschrieben (Seite 71), entsteht ein Krug, indem man einem Zylinder eine Ausgießlippe anformt. Eine Variation jedoch ist der bauchige Krug. Dieser kann in Stil und Ausmaß variieren, vom kleinen, eleganten Sahnetopf, bis zum großen dickbäuchigen Krug für Wasser oder Bier. Die folgenden Anweisungen zeigen, wie eine besonders attraktive und nützliche Form erreicht wird.

Für den bauchigen Krug wird zunächst ein Zylinder hochgezogen. Dann werden die Finger der linken Hand auf die Innenseite des Topfes gelegt – hin zur Grundfläche. Diese drückt man dann langsam nach außen. Zur selben Zeit legt man die Finger der rechten Hand auf die Topfaußenseite, etwas oberhalb der Finger der linken Hand und preßt leicht nach innen (Bild 1). Nun bringt man beide Hände hoch zum Topfrand, dabei den Druck der rechten Hand am oberen Ende leicht vergrößernd, um die Einbuchtung zu bilden (Bild 2).

Die Lippe wird auf der stillstehenden Scheibe geformt. Dabei legt man Zeigefinger und Daumen der linken Hand auf den Topfrand, ca. 2,5 cm voneinander entfernt. Mit dem Zeigefinger der rechten Hand streicht man leicht den Ton zwischen Finger und Daumen nach außen und her-

1. Die Finger der rechten Hand liegen auf der Außenseite des Topfes und pressen ihn nach innen.
2. Den Druck der rechten Hand verstärkt man, um ein Kollier am oberen Rand zu formen.

3.4. Den Ton streicht man mit Zeigefinger und Daumen nach außen und herunter, um eine Gießlippe zu formen.

5. Die Scheibe dreht man sehr langsam und hält den Zeigefinger an die Innenkante des Topfes.

unter (Bilder 3, 4). Man muß achtgeben, den Ton nicht zu teilen, wenn zu hart gepreßt wird. Es ist wichtig, daß man seine Finger angefeuchtet hat, bevor die Lippe geformt wird.

Wurde eine gut gießende Lippe geformt, stellt man fest, daß der Topfrand dezentriert ist. Durch leichtes Drehen der Scheibe und Halten des Zeigefingers an der innseitigen Kante (Bild 5) wird der Rand wieder in die richtige Position gebracht.

Krüge ohne Griffe eignen sich gut, um im Kühlschrank aufbewahrt zu werden, da sie wenig Platz wegnehmen.

Möchte man jedoch einen Griff hinzufügen, wird dieser erst gemacht, wenn der Topf im lederharten Stadium ist. Wichtig ist, daß beim Krug der Griff genau gegenüber der Gießlippe angebracht wird und hoch genug ist, um den Krug leicht ausgießen zu können. Man merkt schnell was »richtig« aussieht. Es ist vorteilhaft, diesen Prozeß auszuprobieren und so zu lernen (auch durch Fehler), wie der Griff »sitzen« soll.

Gegenüberliegende Seite: der fertige Krug, hergestellt aus einem Grundzylinder durch Ausrunden der Seiten und Zugabe einer Ausgießlippe und eines Griffes.

Flaschen, Platten, Kugeln

Flaschenform
Um eine Flaschenform herzustellen, braucht man etwa 500 g vorbereiteten Ton, eine Töpferscheibe, eine Schüssel mit Wasser, ein punktförmig zulaufendes Holzwerkzeug, Schneidedraht sowie ein Brett zum Entfernen der Flasche von der Scheibe.

Plattenform
Um eine Plattenform herzustellen, braucht man etwa 500 g vorbereiteten Ton und die gleichen Werkzeuge wie bei der Flaschenform.

1. Der Zylinder wird eingeengt indem man ihn mit der rechten Hand nach innen bringt.
2. Die Spitze wird mit Zeigefinger und Daumen gefestigt.
3. Der Topf wird stetig nach oben kolliert.
4. Die Grundfläche des Topfes wird mit dem Holzwerkzeug getrimmt, bevor er entfernt wird.

Es gibt viele andere Möglichkeiten, einen Zylinder zu formen und in eine Vielzahl von dekorativen und nützlichen Formen zu bringen. Die Designs in diesem Abschnitt werden nur als Vorschläge angeboten, die versucht werden können. Je vertrauter man mit dem Werfen der verschiedenen Formen wird, desto größer wird die Freiheit, seine ganz persönlichen Formen zu schaffen.

Zum Beispiel durch einfaches Kontrollieren, wie der Ton auf der Scheibe sich spreizt oder aufrichtet. Damit können verschiedene Flaschenformen oder, im Kontrast dazu, kurze, breite Plattenformen hergestellt werden.

Grundsätzlich ist die Flaschenform ein Zylinder, der sich mit zunehmender Höhe nach innen zieht. Diese Verjüngung der Form muß langsam und sorgfältig durchgeführt werden, wobei sich die Töpferscheibe langsam dreht, da der Ton sich sonst wellen würde. Zuerst wird ein Zylinder aufgeworfen. Durch zunehmenden Druck mit den Fingern der rechten Hand wird er eingeengt. Mit den Fingern der linken Hand wird der Ton von der Innenseite gestützt (Bild 1). Kommt man zum Rand, wird er gefestigt (Bild 2). Dabei wird der Zeigefinger und der Daumen der linken Hand auf jeder Randseite und der Zeigefinger der rechten Hand zwischen diese gehalten.

Lassen Sie sich nicht entmutigen, wenn Sie Flaschen nicht auf Anhieb formen können: diese Arbeit ist wirklich nicht leicht!

Man gebraucht dann beide Hände, um den Topf langsam zu »taillieren«, dabei stetig aufwärts gehend (Bild 3). Die Drückbewegungen führt man fort, bis die gewünschte Form erreicht ist.

Zuletzt trimmt man die Topfgrundfläche mit einem hölzernen Werkzeug, bevor das Gefäß von der Scheibe entfernt wird (Bild 4).

Bau einer Schale

Soll eine Schale hergestellt werden, drückt man zunächst den Ton zu einem flachen, breiten Klumpen. Bei diesem Verfahren bekommt der Topf auf natürliche Weise niedrigere Wände.

Auch wenn man damit beginnt, den Ton auszuhöhlen, zieht man ihn kräftig zu sich hin, um eine breite Grundfläche zu formen (Bild 6). Danach zieht man eine dünne Wand hoch (Bild 7). Die Schale wird auf der Scheibe dadurch beendet, daß man den senkrechten Stand der Wand

prüft und korrigiert. Dazu hält man eine Kante des Holzwerkzeuges stetig gegen die Außenwend der Schale (Bild 8).

Weitere Formen
Als Alternative können unterschiedliche Formen geworfen werden und zu interessanten Gruppen zusammengestellt werden.
Vor dem Werfen eines Flaschenhalses müssen die Ausmaße des Zylin-

5. Die Tonmasse wird in eine weitere Form als gewöhnlich abgeflacht.
6. Der Ton wird fest zu sich hingezogen, um eine breite Grundfläche zu erhalten.
7. Eine flache Seite wird hochgezogen.
8. Die Platte wird durch Ausquadrieren der Seiten beendet.

ders gemessen werden, auf dem er befestigt werden soll. Bei dem Modell unten wurde der Zylinder aus 350 g Ton und der Hals aus 250 g Ton geworfen. Zuerst wird ein kleiner Zylinder ohne Grundfläche geworfen. Er entsteht, indem der Finger während des Aushöhlvorganges direkt bis herunter zur Scheibe kommt. Der Zylinder wird dann leicht zum oberen Ende hin verengt.

Zum Ausmessen der äußeren Kante der Zylindergrundfläche und des unteren Endes des Halses (Bild 9) wird der Zirkel benutzt. Wenn der Hals zu eng wird, kann er durch leichtes Drücken von der Innenseite der Grundfläche her erweitert werden.

Wird er zu weit, kann man ihn entsprechend wieder etwas enger drücken. Wenn er das richtige Ausmaß hat, verlangsamt man die Geschwindigkeit der Scheibe und engt die Form weiter ein, beinahe bis zum oberen Ende; dabei wird die Spitze »ausbrechen« (Bild 10). Die ausgebrochene Spitze (Bild 11) wird wieder geglättet. Wenn Zylinder und Hals im lederharten Stadium sind, fügt man sie zusammen, indem die Oberflächen mit einem Metallsägeblatt abgerieben und unter Zugabe von Schlicker zusammengepreßt werden (Bild 12).

Flasche aus zwei Teilen
Um eine Flasche anzufertigen braucht man 250 g vorbereiteten Ton, eine Töpferscheibe, einen Zylinder im lederharten Zustand, einen Zirkel und ein kleines Metallsägeblatt, eine alte Zahnbürste, eine Schüssel mit Wasser, ein punktförmig zulaufendes Holzwerkzeug, Schneidedraht sowie ein Brett zum Entfernen des Halses von der Scheibe.

9. Mit einem Zirkel wird die äußere Kante des Zylinders ausgemessen.
10. Die Form wird in der Spitze verengt.
11. Die ausgebrochene Spitze wird geglättet.
12. Der Zylinder wird im lederharten Stadium mit dem Hals verbunden.

Auf dieser Seite: Einige interessante Formen, die durch Zusammenfügen von Kugeln und Zylindern geschaffen werden.

Bau einer Kugelform

Um eine Kugel zu werfen, muß man mit dem Grundzylinder anfangen. Die Wände bleiben etwas dicker als gewöhnlich. Beim Hochziehen des Topfes formt man die Ausbuchtung nach außen von der Innenseite her,

während die außen arbeitende Hand die Verjüngung der oberen Kugelhälfte bewirkt. Die Hand, die im Gefäß ist, sollte unterhalb der außenseitigen Hand drücken (Bild 13). Bevor der Topf von der Scheibe (Bild 14) genommen wird, trimmt man die Grundfläche mit dem Holzwerkzeug.

Zwei Zylinder und eine Kugelform bilden ein interessantes und attraktives Gefäß (Bild 15). Will man eine ähnliche Form anfertigen, muß darauf geachtet werden, daß die Grundflächen der oberen Formen weggeschnitten werden, wenn sie lederhart sind und bevor die Verbindungen hergestellt werden.

Kugelform
Dazu braucht man 500 g vorbereiteten Ton, punktförmig zulaufendes Holzwerkzeug, Schneidedraht sowie ein Brett zum Entfernen des Topfes von der Scheibe.

13. Die Hand im Gefäß drückt man unterhalb der äußeren Hand herunter.
14. Die Grundfläche wird mit einem Holzwerkzeug getrimmt.
15. Zwei Zylinder und eine Kugel bilden eine interessante Form.

Weitere Formen
auf der Töpferscheibe

Ein zylindrischer Kaffeetopf

Stellt man fest, daß man einfachere Wurftechniken bequem und mit Zuversicht durchführen kann, so kann dazu übergegangen werden, interessante und nützliche Haushaltsgegenstände zum Kochen herzustellen. Dies schließt Kasserollen in verschiedenen Formen, Kaffeetöpfe und einen Gegenstand ein, der vielleicht eine der interessantesten Herausforderungen in der häuslichen Töpferei darstellt – der Teetopf.

Jetzt ist man mit genügend Techniken vertraut, um schwierige Formen zu schaffen, bei deren Anfertigung mehrere Prozesse zu beachten sind. Lange Vasenformen können durch Werfen von zwei oder drei Zylindern mit der gleichen Weite gebaut werden. Wenn die Zylinder bis zum lederharten Stadium ausgetrocknet sind, können die Grundflächen weggeschnitten werden, bis auf die des untersten Zylinders. Dann fügt man sie mit Schlicker zusammen. Der hier beschriebene Kaffeetopf ist eine Variation des gleichen Themas. Er wird durch Zusammenfügung von zwei Zylindern und Zugabe von Griff und Gießlippe hergestellt – relativ einfach, wenn die einzelnen Schritte durchgeführt wurden. Die Techniken des »Taillierens«, des Lippenbaus und die Zugabe eines Griffes wurden alle im vorangegangenen Kapitel beschrieben. Man gehe also zurück zu den vorangegangenen Bildern, um sein Gedächtnis aufzufrischen.

Beim Bau eines Kaffeetopfes wirft man zuerst den Grundzylinder, mißt das obere Ende mit einem Zirkel aus und entfernt ihn von der Töpferscheibe. Beim Werfen des oberen Zylinders sollte man daran denken, daß er nicht unbedingt die gleiche Form und Größe haben muß; nur die Grundfläche muß auf den oberen Rand des Grundzylinders passen. Um dies zu erreichen, mißt man während der Arbeit mit dem Zirkel und verändert die Grundfläche von der Innenseite heraus, bis die Größe stimmt. Der obere Zylinder muß dann nach innen gezogen und die Ausgießlippe muß geformt werden. Jetzt nimmt man den zweiten Zylinder von der Scheibe (Bild 1) und vergleicht sein Ausmaß nochmals mit der anderen Hälfte. Dann läßt man beide lederhart austrocknen.

Mit einem scharfen Messer wird die Grundfläche aus dem oberen Zylinder herausgeschnitten und die Innenseite gesäubert (Bild 2). Um die zwei Kanten aufzurauhen und auszugleichen, nimmt man ein Blatt der Metallsäge, damit sie aneinandergebracht werden (Bild 3). Mit einer alten Zahnbürste fügt man einen guten Deckmantel aus Schlik-

Kaffeetopf
Um einen Kaffeetopf herzustellen braucht man ca. 500 g vorbereiteten Ton für den unteren Zylinder, ca. 350 g Ton für den oberen Zylinder und für den Griff etwa 400 g Ton, eine Töpferscheibe, ein kleines Metallsägeblatt, ein Skalpell oder Handwerksmesser, eine alte Zahnbürste, eine Holzspachtel, eine Schüssel mit Wasser, einen Zirkel sowie Schneidedraht und ein Brett zum Entfernen des Topfes von der Scheibe.

79

1. Der zweite Zylinder wird von der Scheibe entfernt und gegen die untere Hälfte gehalten.

2. Die Grundfläche des oberen Zylinders wird ausgeschnitten.

3. Die zwei Kanten werden angeglichen.

4. Mit Schlicker werden die Kanten bestrichen.

5. Die beiden Teile werden fest gegeneinander gepreßt.

6. Aus der Verbindungsstelle kann eine dekorative Markierungsstelle gemacht werden.

ker auf beide Kanten (Bild 4). Dann preßt man die beiden Hälften des Kaffeetopfes fest zusammen (Bild 5) und glättet die Außenseite der Verbindungsstelle fest mit der Spitze des mittleren Fingers, um eine gute Bindefestigkeit zu sichern. Die Verbindungsstelle kann mit einer Holzspachtel in ein dekoratives Band umgearbeitet werden (Bild 6).

Jetzt wird auch der Griff hergestellt und befestigt. Wird der Griff geplant, sollte man nicht nur die Harmonie der Form in Betracht ziehen, sondern auch die Tatsache, daß der Topf gut gießen soll. Dies bedeutet, daß der Griff genau gegenüber der Lippe angebracht werden muß. Auch muß er stark genug sein, den Topf zu halten, wenn dieser voll heißer Flüssigkeit ist. Bei diesem speziellen Kaffeetopf wurde der Griff gerade unterhalb des Randes befestigt und das untere Ende davon gerade oberhalb der Verbindungsstelle zwischen den beiden Zylindern.

Ein passender Deckel ist nur eine andere Verwendung für die Zylinder-

7. Ein dicker, kurzer Zylinder wird geworfen.

8. Auf der Außenseite wird mit dem Daumen der rechten Hand nach unten gepreßt.

9. Die Kanten werden ausquadriert wobei sie von innen gestützt werden.

10. Wird der Zylinder zu tief, trimmt man ihn zurück.

11. Mit dem Zirkel wird das Ausmaß geprüft.

12. Eine hufeisenförmige Form wird auf dem Zylinder markiert.

Anfertigung eines Deckels

Dazu braucht man ca. 150 g vorbereiteten Ton, einen Zirkel, ein Skalpell oder Handwerksmesser, eine Nadel in einem Korken, ein Holzwerkzeug mit punktförmig zulaufendem Ende, eine Schüssel mit Wasser, Schneidedraht und ein Brett zum Entfernen des Deckels von der Scheibe.

Grundform. Wenn man beginnt, den Deckel zu formen, sollte man daran denken, daß er eher zu klein als zu groß geraten darf. Wenn er zu eng wurde, weitet man ihn genauso wie jeden anderen Zylinder aus. Wenn er andererseits zu groß geraten ist, muß er abgekratzt und von neuem begonnen werden.

Zuerst wirft man also einen dickwandigen, kurzen Zylinder (Bild 7). Um das obere Ende des Deckels zu bauen, hält man die Zylinderinnenseite stetig mit den Fingerspitzen der linken Hand und preßt langsam, aber fest, nach unten – auf der Außenseite mit dem Daumen der rechten Hand (Bild 8). Mit zunehmender Erfahrung lernt man die Maße passend zu beurteilen. Während noch experimentiert wird ist es ratsam, den Deckel mit einem Zirkel in jedem Stadium auszumessen.

Der Deckel wird umgedreht geworfen; er muß eng genug sein um auf den Topf zu passen. Andererseits muß seine Abdeckung weit genug sein, um von der Topfkante ohne überlappende Ränder getragen zu werden. Mit einem Holzwerkzeug werden die Kanten des Zentralzylinders geformt, wobei sie von innen her mit den Fingern der freien Hand unterstützt werden (Bild 9). Sollte der Zentralzylinder zu tief sein, wird er noch nicht getrimmt sein. Um dies durchzuführen, hält man den Punkt der Nadel stetig gegen den Ton in der richtigen Höhe. Wenn sich das Rad dreht, wird sich die Nadel in den Ton schneiden, wobei sie ein Stück aus dem oberen Ende entfernt (Bild 10). Bevor die Kanten ein letztes Mal

13. *Das hufeisenförmige Stück wird mit einer Skalpellschneide herausgeschnitten.*

14. *Der Deckel muß gut passen, deshalb sollte der Zentralzylinder tief genug sein, um den Deckel zu halten, wenn der Topf zum Gießen geneigt wird.*

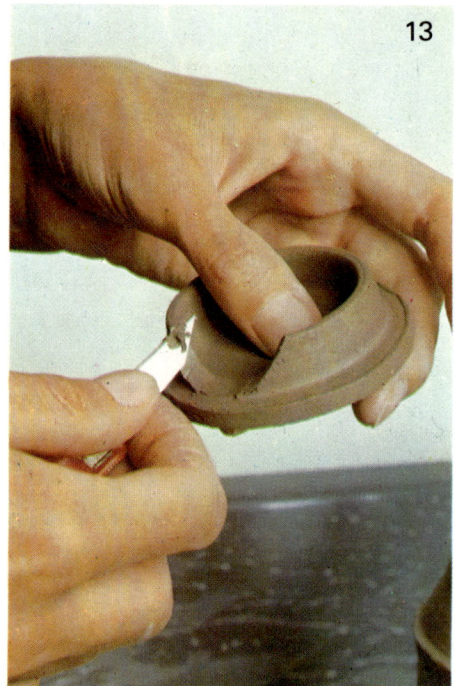

mit dem Holzwerkzeug geglättet werden und der Deckel von der Scheibe entfernt wird, prüft man noch einmal, ob das Maß stimmt (Bild 11). Jetzt kann er von der Scheibe genommen werden und lederhart austrocknen. Es ist nun notwendig, die Öffnung in den Deckel zu schneiden, so daß der Kaffee fließen kann, wenn der Deckel aufgesetzt wird. Dazu nimmt man die Spitze der scharfen Schneide, um einen hufeisenförmigen Einschnitt in den Zentralzylinder zu schneiden. Er muß genauso weit oder etwas weiter als die Lippe sein (Bild 12).

Der Deckel darf dabei nicht verbogen werden. Man folgt den mit der Schneidenspitze geritzten Linien und vertieft den Schnitt gradlinig, bis das hufeisenförmit ausgeschnittene Stück herausfällt. Zum Schluß werden die Kanten sauber ausgeschnitten (Bild 13). Der Deckel muß gut passen. Darum muß der Zentralzylinder tief genug sein, sich zu halten, wenn der Topf geneigt wird (Bild 14).

Soll ein Knauf hinzugefügt werden, rollt man ein kleines Stück vorbereiteten Tons in den Händen zu einem Ball und flacht die Grundfläche ganz leicht ab. Dann legt man ihn auf den Deckel, um das rechte Aussehen zu testen. Man vergrößert oder verkleinert ihn, wenn es notwendig ist. Glaubt man, die richtigen Proportionen erhalten zu haben, benutzt man die Nadel und kerbt die Mitte des Deckels und die Grundfläche des Knaufes ein. Jetzt fügt man noch Schlicker auf beiden Seiten der eingekerbten Flächen hinzu und preßt den Knauf auf seinen Platz.

Eine flache Kasserolle mit passendem Deckel

Eine Kasserolle oder ein Schmortopf haben eine Funktion: Sie müssen »Arbeit« auf dem Herd verrichten.

Seit der Topf aber auch dazu gebraucht wird, diese Speisen vom Ofen auf den Tisch zu bringen, sollte er ebenso dekorativ wie funktionell sein. Sein Zweck ist es nicht nur, das Essen aufzunehmen, sondern auch den Augen zu gefallen. Aus diesem Grund wäre eine einfache Form auch die effektivste.

Funktionen des Topfes

Man denke daran, daß der Topf eine feste Grundfläche haben muß, so daß er sicher niedergestellt und schnell mit einem Stück Tuch oder Ofenhandschuhen hochgenommen werden kann, wenn er voll heißem Essen ist. Wichtig ist auch, daß er abgewaschen werden kann und deshalb nicht mit Rinnen oder Ecken gestaltet werden sollte, die Nahrungsreste oder Fett einschließen. Auch sollte er keine zerbrechliche Dekoration aufweisen, die schwer zu reinigen wäre. Glatte Linien sind am ehesten angebracht für Töpfe, die Nahrungsmittel enthalten sollen.

Auch die Größe ist sehr wichtig. Es wäre möglich, jedes Ausmaß bei einer Kasserolle zu wählen, von einer kleinen Größe, bis zu einem großen Familientopf; aber an die Maße des Ofens sollte man auch denken. Es kann praktischer sein, sowohl ein kleines, als auch ein mittleres und ein großes Gefäß zu wählen, bevor man versucht, ein Maß für alle Bedürfnisse zu erreichen.

Der Deckel muß fest sitzen, um Feuchtigkeitsverlust zu vermeiden. Es ist immer möglich, einen Deckel zu öffnen, aber man kann nicht viel gegen einen schlecht passenden Deckel tun, und dieser verursacht oft einen trockenen, zähen Schmorbraten. Der Deckel muß gut und fest halten, mit einem sauberen Kragen festsitzen, so daß er nicht herunterfällt, wenn der Topf leicht geneigt wird.

Griffe und Knaufe müssen sorgfältig bedacht werden. Hat man Zweifel, sollte man sie lieber zu groß machen. Angemessene Griffe, die einen festen Griff bei einer vollen und oft schweren Kasserolle zulassen, sind bei allen Formen grundwichtig. Genauso muß der Griff oder Knauf leicht in heißem Zustand aufgenommen werden können. Oft sehen Griff und Knauf ausreichend groß aus, wenn man sie anfügt – aber wenn sie gebrannt wurden, haben sie sich zusammengezogen und nach dem Überzug mit einer weichen Glasur, werden sie als zu klein befunden.

Als Hitzeschock oder Thermalschock bezeichnet man den Effekt, der bei plötzlicher Hitze-Zunahme und Abnahme stattfindet. Dieser Effekt tritt speziell bei Kasserollen auf, die in heiße Öfen gestellt und wieder herausgenommen werden müssen. Man könnte vermuten, daß die Kasserolle dies leicht vertragen kann, da sie bei einer viel höheren Temperatur im Brennofen gebrannt wurde, wie sie im Ofen nicht erreicht wird, und somit für Kochzwecke ausreicht. Leider ist diese Annahme falsch. Das langsame Erhitzen und langsame Abkühlen des Brennofens schützt den Topf vor rapiden Wechseln in der Temperatur und ist weit entfernt von den beinahe brutalen Bedingungen des normalen Kochofens.

Es gibt zwei grundsätzliche Möglichkeiten, um eine bessere »Widerstandskraft« zu erreichen. Die erste wäre, eine Form ohne scharfe Ecken zu verwenden. Es ist kein Zufall, daß traditionelle afrikanische Töpfe abgerundete Grundflächen haben. Diese Formen sind physikalisch in der Lage, größeren Temperaturunterschieden zu widerstehen als solche mit Ecken. Es ist auch wichtig, die Wände der Grundfläche vollkommen

Diese geradseitige, flache Kasserolle wurde auf der Töpferscheibe hergestellt. Sie hat einen kleinen Knauf und zwei Traggriffe.

gleichmäßig dick anzufertigen. Abweichungen in der Dicke bedeuten übermäßigen Druck und alle dünneren Teile sind deshalb zum Brechen bestimmt.

Zweitens ist es wichtig, den Tonkörper nicht zu stark zu glasieren, d.h. glasähnlich zu brennen. Wenn das Tonmaterial, das man verwendet, hoch verglast, so kann man dies mindern, indem ca. 10% Schamotten-mehl hinzugefügt wird. Dies bewirkt, daß er dem Thermalschock ohne große Schwierigkeiten widersteht, wenn er gebraucht wird.

Bau der Kasserolle

Die Kasserolle auf unserem Bild wurde so gestaltet, daß sie ca. 1,5 Liter fassen kann und einen Durchmesser von etwa 20 cm bekommt. Der Dek-kel hat einen Knauf; außerdem hat sie zwei Traggriffe an den Seiten. Die

Flache Kasserolle
Für den Körper und den Deckel braucht man etwa 3 kg vorbereiteten Ton, eine Töp-ferscheibe, zwei Unterlagen, eine Schüssel mit Wasser, einen Schwamm, einen Zirkel, Schneidedrat, ein punktförmig zulaufendes Holzwerkzeug und einen Kamm für Dekora-tionen.

1. Zuerst wird der Ton fest auf die Unterlage gepreßt.

87

flache Kasserolle hat einen gedrehten Fuß und dies bedeutet, daß der Boden für eine größere Festigkeit glasiert werden kann. Angemessene Glasuren und Dekorationstechniken für Kochtöpfe werden auf Seite 125 behandelt. Der Deckel soll fest sitzen. Da der Topf bis zur Temperatur für Steinwaren gebrannt wird, wird der Deckel in seiner Position mitgebrannt. Dies darum, weil bei einer Steinwaren-Temperatur die meisten Tonkörper feuerelastisch werden – d. h., sie werden leicht weich durch die Hitze. Darum erreicht ein auf seinem Platz gebrannter Deckel einen festeren Halt. Da der Körper bei diesen hohen Temperaturen ziemlich verglast wird, kann man die Fläche gut reinigen, wo der Deckel liegt. Für Töpfe, die bei ErdenwarenTemperatur gebrannt werden, können Körper und Deckel getrennt gebrannt werden.

Zunächst zentriert man den Ton wie gewöhnlich, wobei sich die Scheibe bei einer guten Geschwindigkeit dreht. Der Ton wird fest auf die Unterlage gepreßt, ohne ihn nach oben zu ziehen (Bild 1). Wenn der Ton zentriert ist, öffnet man ihn durch Druck mit der Außenkante und Innenfläche der rechten Hand. Nun nimmt man die linke Hand, um den Ton auf der Außenseite zu stützen, damit er sich nicht weiter als in der gewünschten Form öffnet (Bild 2). Dann preßt man den Ton nach außen und nicht nach oben.

Zu diesem Zeitpunkt läßt man die Grundfläche ca. 20 mm dick. Dies scheint sehr dick zu sein, aber wenn man mit dem Bau der Kasserolle fortschreitet, wird viel von dem überschüssigen Ton verschwinden. Man muß vermeiden, daß sich irgendwelche Wasserlöcher in der Basis bilden, da diese einen aufweichenden Effekt haben. Das Öffnen der Grundfläche wird vervollständigt, indem leichte Kurven auf der Innenseite gedreht werden (Bild 3). Die Seiten bringt man langsam hoch, wobei sicher sein sollte, daß eine gute flache Tonrolle am Rand übrigbleibt (Bild 4). Aus dieser Tonrolle wird im weiteren Verlauf die Auflage für den Deckel angefertigt. Jetzt kommt man zur Grundfläche zurück und preßt sie zusammen, indem man mit den Fingern von der Mitte nach außen darüber-

2. Damit sich der Ton nicht nach außen öffnet, werden die Seiten unterstützt.

3. Das Öffnen der Grundfläche wird beendet, indem man eine innseitige Kurve biegt.

streicht. Das Ziel ist es nicht so sehr, den Ton nach außen zu bringen, sondern ihn zusammenzudrücken. Dies verstärkt die Basis und verhindert folglich ein Wellen.

Beendet werden die Arbeiten an der Basis mit den Fingerspitzen. Niemals mit einem Schwamm, da dieser das Tonmehl herauswischt und eine rauhe Oberfläche hinterläßt.

Man fährt fort, bei mittlerer Geschwindigkeit der Scheibe, die Wände hochzuziehen, wobei sicher sein sollte, daß der Randwulst unverändert bleibt (Bild 5). Die Wände läßt man ein wenig nach innen laufen. Dies hilft, ihre Neigung zum Ausbrechen zu verhindern, was sich aus der Fliehkraft ergibt.

Um die Deckelauflage herzustellen, hält man die Wand auf der Außenseite mit den Fingern der rechten Hand und drückt den inneren Finger der linken Hand leicht in die Rolle an der Kante (Bild 6). Die Kante des Randes hält man etwas dicker als die Wand, um ihr größere Festigkeit und ein bestimmteres Aussehen zu geben, wie das auf den Abbildungen zu sehen ist.

4. Die Wände werden hochgezogen, dabei muß darauf geachtet werden, daß eine Tonrolle am Rand übrig bleibt.

5. Mit dem Hochziehen der Wände fährt man fort, wobei eine Halterung am oberen Ende stehen bleibt.

6. Um die Deckelhalterung herzustellen, drückt man mit dem Zeigefinger der linken Hand in die Rolle am oberen Ende der Seitenwand.

7. Zum Schluß wird sie mit der flachen Nagelkante des Zeigefingers abgeflacht.

Bevor die Auflage beendet wird, prüft man, ob die Wände der Kasserolle gerade sind. Sind sie es nicht, so drückt man sie leicht, um sie zu festigen. Die Deckelhalterung flacht man ab, indem die flache Kante des Nagels des inneren Fingers horizontal dagegen gehalten wird (Bild 7).Der Rand wird abgeschlossen, indem ein dünner Streifen Sämischleder quer darüber gehalten wird (Bild 8).

Man entfernt jeglichen Überschuß an Ton von der Basis auf die übliche Weise mit einem hölzernen Werkzeug. Die Kasserolle wird mit einfachen, eingeritzten Linien dekoriert, bevor sie von der Scheibe genommen wird. Bei langsamer Drehung der Scheibe hält man den Kamm leicht gegen die Tonoberfläche und eine gekräuselte Dekoration wird erscheinen (Bild 9).

Zum Schluß zieht man den Schneidedraht zwischen Topfgrundfläche und Unterlage hindurch. Wird das nicht gemacht, wird die Grundfläche an der Unterlage klebenbleiben. Der Topf sollte nicht heruntergenommen werden, bevor er nicht lederhart ist.

Beim Bau des Deckels wird die Öffnung des Topfes mit dem Zirkel aus-

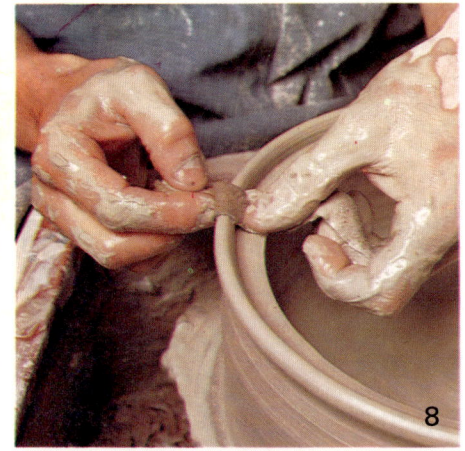

8. Der Rand wird durch Überstreifen eines Stückchens feuchten Sämischleders beendet.

9. Mit einem Kamm wird die Dekoration eingeritzt.

10. Mit dem Handballen wird der Ton geöffnet.

11. Den Rand läßt man extra dick, um ihn verstärken zu können.

gemessen, so daß der Deckel passend hergestellt werden kann. Die Unterlage befestigt man auf der Scheibe, wie dies in einem vorangegangenen Kapitel beschrieben ist (Seite 57). Das restliche Kilo Ton wird auf die übliche Weise zentriert. Die Fläche der rechten Hand nimmt man, um den Ton so zu öffnen, wie beim Körper, aber man arbeitet diesmal mit einer Grundfläche von ca. 13 cm. Während der Arbeit schneidet man mit der Seite der stützenden Hand unter den Ton (Bild 10).

Man wirft gradlinig eine offene Schüsselform mit dicklichen Wänden. Der Rand wird extra dick gelassen, um der Deckelkante noch mehr Festigkeit zu geben (Bild 11). Ein teilweise zu flacher Deckel neigt beim Brennen zum Einsacken, während ein zu langer und gewölbter zu viel Platz im Ofen wegnehmen wird. Zwischen den beiden Extremen sollte ein Ausgleich gefunden werden.

Die Geschwindigkeit der Scheibe vermindert man nun und bringt den Deckel zur gewünschten Weite (Bild 12). Der Zirkel wird dabei als wichtige Hilfe gebraucht. Ist die Weite richtig, schneidet man mit einem Draht unter dem Deckel. Nach Entfernen der Unterlage von der Scheibe kann der Deckel lederhart austrocknen.

Wenn beide, Deckel und Körper, lederhart geworden sind, können sie mit Hilfe der Drehwerkzeuge gedreht werden. Ein Fußring wird auf die Unterseite des Körpers gedreht. Mit einem Kamm kann eine eingeritzte Dekoration auf den Körper gebracht werden.

Bei der Anfertigung eines Knaufes muß man daran denken, daß er nicht zu klein gerät, denn das sieht unschön aus und ist gleichzeitig unpraktisch für den Gebrauch. Ein kleiner Klumpen aus weichem Ton wird vorbereitet, ungefähr in der Größe eines Golfballs. Dann kerbt man die Mitte des Deckels mit der Nadel ein.

Mit einer alten Zahnbürste bedeckt man die eingekerbten Flächen auf dem Deckel mit Schlicker, genauso wie die Grundfläche des Tonklumpens. Dann preßt man den Tonklumpen auf die eingekerbte Mitte des Deckels und glättet die Verbindungsstelle (Bild 13). Mit schneller Ge-

Zum Dekorieren nimmt man diesen Kamm.

Anfertigen eines Deckels mit einem Knauf
Zum Anfertigen eines Deckels mit einem Knauf braucht man ein kleines Stück Ton, einen gedrehten Deckel im lederharten Zustand, eine Nadel in einem Stück Kork, eine alte Zahnbürste, und ein punktförmig zulaufendes Holzwerkzeug.

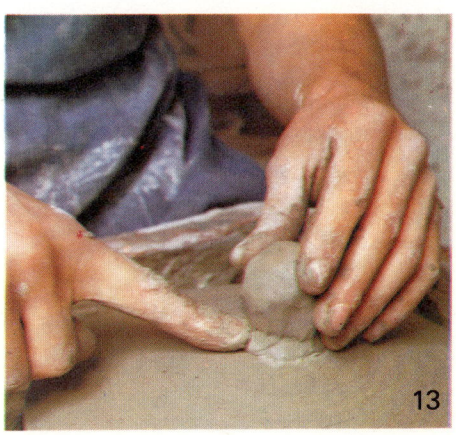

12. Beim abschließenden Drehen wird der Deckel zur gewünschten Weite geöffnet.

13. Ein Tonklumpen wird auf die eingekerbte Mitte des Deckels gepreßt um den Knauf zu erhalten. Die Verbindungsstellen werden geglättet.

schwindigkeit der Scheibe und einem Minimum an Wasser zentriert man den Knauf auf dem Deckel. Es sollte ein fester Zuggriff möglich werden, wenn die Oberfläche glasiert und der Deckel heiß vom Ofen her ist (Bild 14). Wenn notwendig, verwendet man ein Holzwerkzeug, um die Form zu verbessern.

Griffe

Bei diesem Design wurden Tragegriffe am Körper befestigt, nachdem er gedreht worden ist. Die Griffe bestehen aus Streifen; jeder Streifen sollte ungefähr 13 cm lang und 20 mm breit sein.

Wenn jeder Streifen fertig geschnitten ist, legt man ihn auf eine hölzerne Oberfläche, damit er leicht aushärtet. Es ist ratsam, mehrere Griffe anzufertigen für den Fall, daß irgend etwas schiefgeht, wenn sie am Körper befestigt werden. Dabei hält man die leicht steifen Streifen gegen den Körper der Kasserolle, um die Länge zu beurteilen und formt sie dann zu der gewünschten Größe aus. Die vorgefertigten Streifen sollten genau gleich sein, damit die Kasserolle nachher auch gleichgroße und gleichgeformte Griffe bekommt – und somit symmetrisch wirkt.

Wo die Griffe angebracht werden, wird mit einer Nadel die Fläche des Topfes eingekerbt. Mit einer alten Zahnbürste wird ein wenig Schlicker aufgetragen.

Die Enden der Griffe preßt man fest auf ihren Platz (Bild 15). Es ist nicht notwendig, die Mitte des Griffes gegen den Topf zu drücken, da, wenn der Ton trocknet, er sich selbst nach innen zieht und befestigt. Die Enden des Griffes formt man so aus, daß der Griff als ein integrierter Bestandteil des Körpers erscheint.

Wenn die Kasserolle fertig ist, kommt der Deckel auf seinen Platz und man läßt alles langsam austrocknen. Man muß achtgeben, daß die Griffe nicht abbrechen. Geschieht das, weil der Körper zum Haften zu trocken wird, bringt man sie mit Schlicker wieder an ihren Platz zurück.

14. Der Knauf wird auf dem Deckel geformt, wobei man mit den Fingern eine Unterhöhlung vornimmt.
15. Die Griffenden werden an ihren Platz gedrückt.

Ein traditioneller, runder Schmortopf

Der runde, altmodische Schmortopf ist recht unterschiedlich in Charakter und Funktion, gegenüber der flachen Kasserolle. Jedoch bleiben die grundsätzlichen Designüberlegungen die gleichen. Festigkeit der Form, Leichtigkeit bei der Handhabung und Reinigung, Möglichkeiten der Größe usw. sind Kriterien, die Erfolg oder Fehlschlag des fertigen Topfes bestimmen.

Der hier hergestellte Topf hat Mittelmaß: er ist 15 cm hoch und mißt 17,5 cm im Durchmesser, mit einer Kapazität von ca. 1,5 Litern. Jedoch kann man dieses Design auch gut in größeren oder kleineren Versionen anwenden.

Probleme der Formgebung

Da der eigentliche Herstellungsprozeß des Topfes die ganze Aufmerksamkeit des unerfahrenen Töpfers beansprucht, kann man sich nur dann Gedanken über feinere Punkte der Form machen, wenn diese Technik beherrscht wird. Man erinnere sich an die allgemeine Regel, daß die stärkste Ausbuchtung näher beim oberen Rand als beim Boden sein sollte. Bei einem gelungenen Topf scheint die Form aus der Basis zu springen und dann in die größte Ausladung dicht unter dem Rand zu fließen.

Natürlich kann eine dem Töpfer gefallende Form für einen anderen Betrachter plump und dunkel aussehen; der persönliche Geschmack spielt also eine große Rolle.

Die runde Form ist physikalisch stärker als die flache Kasserollenform und mache Töpfer merken, daß sie die Form auf der Scheibe werfen und gleich danach heil hochnehmen können, ohne jede unmäßige Verbiegung. Man kann dies machen, wenn man hochplastischen Ton anwendet, der eine große Bearbeitungsfähigkeit während des Werfens besitzt. Die Festigkeit kann verstärkt werden, wenn man steiferen Ton als gewöhnlich benutzt und ihn schneller wirft, so daß weniger Wasser vom Körper aufgenommen wird. Für den unerfahrenen Töpfer sind solche Methoden jedoch noch verfrüht und es wäre ratsam, auf einer Unterlage zu arbeiten.

Man arbeitet mit Ton in einer mittelharten Festigkeit denn wenn er zu weich ist, wird er leicht brechen. Der Ton wird dazu wie gewöhnlich vorbereitet.

Runder Schmortopf
Für den Körper braucht man etwa 1,5 kg vorbereiteten Ton, für den Deckel 750 g Ton, eine Töpferscheibe, zwei Unterlagen, Schneidedraht, einen Schwamm, eine Schüssel mit Wasser, ein punktförmig zulaufendes Holzwerkzeug sowie einen Zirkel.

93

Eine runde Schmorpfanne die auf einer Töpferscheibe gedreht wurde

Die Unterlage wird auf der Scheibe befestigt. Den Ton legt man auf die Unterlage und zentriert ihn auf die gewöhnliche Weise bei einer mittelschnellen Scheibengeschwindigkeit. Dabei sollte die Grundflächenbreite bei ca. 10 cm liegen. Dann kann der Ball geöffnet werden, um eine Zylinderform zu erreichen (Bild 1). Die runde Form wird mehr oder weniger von einem geradseitig aufgeworfenen Zylinder mit verdicktem Rand hergestellt. Dieser Rand gibt dem Zylinder zusätzliche Festigkeit.

Die Innenseite der Grundfläche drückt man mit den flachen Fingern ein (Bild Seite 51) und zieht die Wände des Zylinders hoch, bis ca. 17,5 cm (Bild 2).

Wenn der Zylinder diese Höhe erreicht hat, nimmt man die Finger der linken Hand, um die Wände auszuwerfen und eine runde Form zu schaffen, wobei der Ton von der rechten Hand gestützt wird (Bild 3). Dieser Vorgang sollte langsam vor sich gehen. Zu diesem Zeitpunkt sollte man nach einer vollen, bauschigen Form trachten. Auf dem Topf läßt man einen Hals von ca. 12 mm, um den Deckel zu tragen (Bild 4). Um den Körper abzuschließen, schneidet man den überschüssigen Ton mit der Spitze des Holzwerkzeuges weg. Nachdem man sich die Größe der Halsöffnung gemerkt hat, schneidet man unterhalb des Topfes mit dem Schneidedraht und entfernt ihn vom Radkopf auf die Unterlage.

1. Der Tonball wird wie üblich geöffnet um einen Grundzylinder zu bilden.

2. Die Zylinderseiten werden hochgezogen.

3. Mit den Fingern der linken Hand wird ein runder Bauch ausgeworfen.

4. Ein Hals wird geformt, der dann den Topfdeckel trägt.

Der Deckel besteht aus einem Kappendeckel mit einem Flansch, der inseitig des Halses im Topf sitzt, um ihn in Position zu halten. Zuerst wird die Unterlage auf dem Radkopf befestigt, dann zentriert man den Ton auf der Unterlage in der üblichen Weise. Jetzt kann der Ton mit dem Ballen der rechten Hand geöffnet und in eine einfache Schüsselform gebracht werden. Die Grundfläche von ca. 10 cm (Bild 5) bleibt zurück. Um den Flansch und den Rand herzustellen, unterstützt man den Ton unterhalb der Außenseite mit der rechten Hand und preßt nach unten auf die obere Kante mit den Fingern der linken Hand. Schließlich wird sich der Flansch ausbilden (Bild 6). Den Rand hält man dicker als es notwendig scheint. Er kann später immer noch verdünnt werden. Ideal ist es, wenn Rand und Deckeldicke des Topfes ungefähr gleich sind. Der Flansch auf dem Deckel sollte mindestens 12 mm tief und den inneren Abmessungen des Topfes angepaßt sein. Mit einem Zirkel werden die Maße geprüft und notfalls angeglichen (Bild 7).

Man nimmt die Finger der rechten Hand, um den Deckel zu stützen und um auch den Rand des Deckels abzuflachen (Bild 8). Der Deckel sollte groß genug sein, um den Topf mit ca. 12 mm zu überragen – mehr aber nicht. Wenn der Deckel komplett ist, schneidet man ihn mit dem Schneidedraht ab. Jetzt kann die Unterlage und der Deckel von der Scheibe heruntergehoben werden, damit man die eventuell noch notwendigen Korrekturen am Hauptkörper ausführen kann.

5. Mit dem rechten Handballen wird eine flache Schüsselform gebildet.
6. Mit den Fingern der linken Hand wird auf die obere Kante gepreßt.
7. Mit einem Zirkel werden die Ausmaße geprüft.

Drehen und Abschlußarbeiten

Der Hauptkörper des Topfes braucht kaum oder gar nicht gedreht zu werden, wenn er gut geworfen wurde. Der Boden kann entweder glatt gedreht werden oder ein Fußring wird so geschnitten, daß der Topfboden auf Wunsch glasiert werden kann. Wenn der Deckel auf seinem Spannkopf gedreht wird, kann man so verfahren, daß der Rand ungedreht bleibt und nur der kuppelförmige Teil des Deckels geglättet wird. Dies gibt der Oberfläche einen netten Kontrast zwischen rauher und glatter Beschaffenheit (Bild 9).

Nachdem er gedreht worden ist, sollte der Deckel mit einem Haltegriff in der üblichen Weise versehen werden (Bild 10). Es ist wichtig, einen auffälligen Bogen zu erhalten, der nach dem Brennen weit genug ist, um einen guten Griff abzugeben.

Die Haltegriffe werden am Topf befestigt. Diese Griffe brauchen nicht ganz so groß wie die der flachen Kasserolle zu sein, aber ihr Befestigungspunkt ist sehr wichtig. Allgemein gesagt, sie sollten etwas oberhalb des weitesten Punktes auf der Schulter des Topfes befestigt werden und sich genau gegenüberstehen. Dies nicht nur, um den Topf im Gleichgewicht zu halten, sondern um auch ein gutaussehendes Endstück zu erreichen. Wie gewöhnlich ist jedoch die Anbringung und die Endarbeit mit Knaufen und Griffen eine Frage der persönlichen Entscheidung und sollte mit dem Auge bestimmt werden.

Griffe

Um Griffe herzustellen, braucht man einen Block gut durchgearbeiteten Ton von ca. 15 cm × 2,5 cm × 2 cm, eine Nadel in einem Stück Kork, eine alte Zahnbürste, Schlicker dazu einen gedrehten Körper an dem der Griff angebracht werden soll.

8. Der Deckel wird mit den Fingern gestützt und abgeflacht.

9. Der kuppelförmige Teil des Deckels wird gedreht.

10. Der Deckel erhält einen Haltegriff.

Teetopf mit Ton- oder Rohrgriff

Teetopf

Zur Anfertigung eines Teetopfes braucht man: Gut vorbereiteten Ton, für den Körper 1,25 kg, für den Ausguß 150 g, für Deckel und Griff je 125 g, evtl. einen Rohrgriff, eine Töpferscheibe, Unterlagen, eine Schüssel mit Wasser, ein Brett, einen Schwamm, Drehwerkzeuge, Holzwerkzeuge, ein dünnschneidiges Messer, einen Zirkel, Bohrwerkzeug oder eine Scheidefeder und zwei saubere Ziegelsteine.

Eine der größten Herausforderungen an alle Töpfer ist es, einen perfekten Teetopf herzustellen.

Dieses Kapitel erklärt, wie man einen Teetopf herstellen kann, für den wir zwei verschiedene Griffe entworfen haben. Ein Seitengriff gibt dem Topf ein gemütliches, traditionelles Aussehen, während der obere Rohrgriff ihn zu einer anspruchsvollen Sache verändert. Der hier beschriebene Teetopf ist sehr standsicher und beinhaltet etwa einen Liter. Der Deckel wird durch einen Flansch gehalten.

Um den Körper des Teetopfes zu bauen, befestigt man zuerst die Unterlage auf der Scheibe. Der zentrierte Ton bekommt eine Grundfläche von ca. 15 cm Durchmesser. Der Ton wird auf die übliche Weise geöffnet, wobei eine Grundfläche von etwa 20 mm Dicke zurückbleibt. Danach zwingt man den Ton nach oben, um die Wände zu formen (Bild 1). Am oberen Ende bleibt eine gute, dicke Rolle, die leicht nach innen zeigt. Bevor die Wände weitergezogen werden, drückt man den Ton der Basis zusammen; dies unter Hilfe der Oberseite der Fingerspitzen. Jetzt können mit den Fingern der linken Hand innen und den Fingern der rechten Hand außen, die Topfwände hochgezogen werden. Man versucht, einen enghalsigen Kegel zu formen (Bild 2).

1. Der Ton wird geöffnet und die Wände nach oben gezogen.
2. Ein enghalsiger Kegel mit einer kollierten Spitze wird geformt.

Nächste Seite: Das gleiche Tonmodell erhält durch zwei verschiedene Griffe zwei interessante Designs.

Die Fingerspitzen der rechten Hand nimmt man, um das obere Ende der Wände nach innen über die linke Hand zu biegen. Eine Tonrolle bleibt am Hals um ihm eine gewisse Stärke zu geben (Bild 3). Die Wände werden in ca. vier Stößen gezogen, da dies den Ton recht fest und mürbe halten wird. Zu diesem Zeitpunkt sollte der Hals einen Durchmesser von ca. 10 cm haben. Wenn er zu weit aussprießt, erhöht man die Geschwindigkeit der Scheibe und engt den Hals ein. Wird mit der empfohlenen Menge Ton gearbeitet, sollte der Topf ca. 13 cm hoch werden und eine Halsweite von 7,5 cm haben. Wenn er kleiner wird, bedeutet dies, daß ein zu schwerer Topf im Verhältnis von Größe und Gewicht hergestellt wurde. Die Wände könnten vielleicht in diesem Stadium weiter hochgezogen werden, aber es wäre schwierig. Wenn der Topf zu klein und zu schwer ist, wäre es besser, ihn aufzugeben und von neuem zu beginnen. Wenn zum anderen der Topf viel größer als das vorgesehene Maß wird, dann sind die Wände oder die Basis sicher zu dünn. Man sollte dann den Ton zur Seite legen, ihn wieder auswiegen und sollte neu beginnen. Sind die Proportionen annehmbar, wird die Topfinnenseite mit einem weichen Schwamm ausgewischt. Dieser kann, wenn notwendig, an einem Stockende befestigt werden (Bild 4). Kommt man mit seinen Fingern auf die Innenseite des Topfes, ohne den Hals zu beschädigen, dann wird die Grundfläche nach dem Wischen mit dem Schwamm geglättet. Mit einem hölzernen Werkzeug wird jeglicher Überschuß von der Basis getrimmt. Nach sorgfältigem Abmessen des Durchmessers der Öffnung für den Deckel, wird schließlich mit einem Schneidedraht unter dem Topf hindurchgezogen. Jetzt beginnt man mit der Herstellung des Deckels. Dieser Überschuß muß natürlich restlos und sehr sorgfältig aus dem Gefäß herausgeholt werden. Dazu steht die Scheibe still, damit nicht die Form der Kanne zerstört wird, während man in ihrem Innern mit Holzwerkzeug oder Drahtschlaufe arbeitet. Zum abschließenden Glätten rotiert sie dann wie-

3. Eine Tonrolle wird am Hals gelassen.
4. Die Innenseite wird mit einem Schwamm geglättet.

5. Der Ton wird in eine Champignonform gebracht, die am Boden enger als an der Spitze ist.
6. Diese Form wird geöffnet um einen Deckel zu formen.
7. Die Seiten werden hochgezogen um einen Flansch zu bilden.
8. Die Deckelkante wird nach oben gezogen, so daß er sicher auf dem Körper des Teetopfes liegt.

der. Aber soviel Erfahrung haben Sie inzwischen gesammelt, um dies selbst zu wissen und auch richtig zu machen . . .

Der Deckel eines Teetopfes wird umgedreht geworfen, direkt auf der Töpferscheibe. Dazu zentriert man 125 g Ton und bringt ihn in eine Champignonform, dabei etwas enger an der Grundfläche (Bild 5). Dann wird die Mitte geöffnet. Die Kante stützt man unterhalb mit der rechten Hand und preßt sie auf die obere Kante mit der linken Hand herunter, um die äußere Deckelkante zu bilden (Bild 6).

Nun ist die Form fast fertig und braucht nur noch mit einem festsitzenden Flansch versehen werden.

Die Wände werden ausgezogen, um den Flansch zu formen, der noch ca. 12 mm hoch sein sollte, um fest in den Topf zu passen (Bild 7). Der Deckelrand wird mit der Spitze des Holzwerkzeuges ausgeformt. Mit einem Zirkel prüft man, ob die Flanschweite fest in den Topfhals paßt. Wenn er nicht sicher paßt, kann später Flüssigkeit über den Deckel tropfen, wenn der Tee gegossen wird.

Die Deckelkante wird heraufgezogen, so daß sie sicher auf dem Körper des Teetopfes liegt (Bild 8). Mit dem Holzwerkzeug wird überschüssiger Ton getrimmt. Nach dem der Deckel von der Scheibe abgeschnitten wurde, kann dieser austrocknen. Wenn der Deckel genügend ausgetrocknet ist, kann er verwendet werden.

Die Herstellung eines Ausgusses ist eine Frage der Übung. Es gibt dabei drei Punkte, auf die man achten muß: Zuerst braucht man gut ausgewogenen Ton, der viel weicher als gebräuchlich sein sollte. Gearbeitet wird in der Mitte der Töpferscheibe mit einer höheren Geschwindigkeit als üblich und drittens: Zieht man den Topf zu schnell hoch, entstehen unansehnliche Ringe.

150 g Ton werden auf die übliche Weise zentriert und direkt auf der Töpferscheibe geöffnet, da keine Grundfläche notwendig ist. Der Ton sollte nicht bis zur Spitze hin aussprießen. Die Wände werden hochgezogen, indem der Zeigefinger der linken Hand zur inseitigen Unterstützung gebraucht wird (Bild 9). Wenn die Röhre verengt wird, braucht man viel Wasser.

Die Wände können weiter hochgezogen werden, wenn die Spitze eng wird. Ein dünnes Holzwerkzeug, das in den Ausguß gesteckt wird, dient als Hilfsmittel (Bild 10).

Nur mit Erfahrung wird man erfolgreich beurteilen können, ob die Ausgußform zu dem Teetopf paßt. Für das hier abgebildete Modell sollte er ca. 5 cm weit an der Grundfläche, und 7,5 cm lang sein. Man achte darauf, daß er an der Spitze nicht zu weit geöffnet ist, da sonst der Tee schnell abkühlt. Die Außenseite wird mit dem Holzwerkzeug geglättet, bevor der Ausguß von der Scheibe entfernt wird.

Der Zusammenbau des Teetopfes

Sobald die Teile lederhart sind, können sie zusammengefügt werden. Je weniger Handgriffe hierzu notwendig sind, desto größer die Chance, daß

9. Die Wände werden hochgezogen, dabei wird der Mittelfinger der linken Hand zum Stützen verwendet.

10. Die Gefäßwände werden weiter hochgezogen mit Hilfe eines dünnen Holzwerkzeugs.

11. Der Ausguß wird im Winkel von 45° mit einem scharfen Messer durchgeschnitten.

12. Sickerlöcher werden hineingebohrt.

13. Das Ende des Ausgusses wird abgeschnitten.

die fertige Form hält und ein frisches und sauberes Aussehen bekommt. Der Körper wird wie gewohnt auf dem Spannkopf gedreht. Ein Fußring bleibt so, daß die Grundfläche glasiert und gleichzeitig abgehärtet werden kann. Jetzt wird der Deckel herumgedreht. Als nächstes kommt ein Knauf auf den Deckel, der nicht mehr als 28 g schwer sein sollte. Ein Loch im Deckel ermöglicht, daß Luft in den Topf gesaugt werden kann, wenn der Tee ausgegossen wird. Dieses Loch wird von der Innenseite des Deckels in den Knauf gebohrt.

Wenn man sich über die beste Position des Ausgusses noch nicht sicher ist, sollte man wissen, daß traditionell der Ausguß niedrig auf dem Topf aufgesetzt wird, so daß das Wasser durch die Teeblätter rinnt, wenn der Tee ausgegossen wird. Man achte darauf, daß die Spitze des Ausgusses höher als der Körper des Topfes ist.

Hat man sich erst einmal für die Position entschieden, wird der Ausguß in einem Winkel von 45° mit einem scharfen, dünnschneidigen Messer ausgeschnitten (Bild 11). Den Ausguß hält man an seinen Platz und trimmt mit sauberen Schnitten die Bindestelle, bis der Ausguß fast überfließend auf dem Körper liegt. Das untere Ende wird in Wasser getaucht und gegen den Körper gehalten, um eine feuchte Markierungsstelle zu hinterlassen. Beide zu verbindenden Oberflächen werden aufgerauht. Viele Löcher ermöglichen, daß die Flüssigkeit gut durchläuft (Bild 12). Die beiden Oberflächen werden mit Schlicker bestrichen und aufeinandergepreßt. Die äußere Verbindungsstelle wird gut geglättet und das Ende vom Ausguß wie gezeigt (Bild 13), abgeschnitten.

Jetzt muß auch entschieden werden, welcher Griff angebracht werden soll.

Für einen Teetopf mit einem Seitengriff nimmt man 250 g Ton, zieht ihn wie üblich und befestigt ihn dann. Wichtig ist, daß der Griff genau gegenüber vom Ausguß befestigt wird und daß er weit genug für die Finger der Hand ist, so daß der Topf bequem während des Gießens gehalten werden kann.

Will man einen Rohrgriff anbringen, nimmt man 125 g Ton, um die Ansätze zum Halten des Rohrgriffes zu bauen. Man rollt zwei Längen Ton aus, jede ca. 8 cm lang und 6 mm im Durchmesser. Wenn Länge und Durchmesser übereinstimmen, preßt man den Ton leicht zusammen um die Ansätze vorsichtig abzuflachen.

Zwei Verbindungsmarkierungen werden auf den Topf für jeden Ansatz eingeritzt, ungefähr 4,5 cm voneinander entfernt. Einer wird dabei oberhalb des Ausgusses und der andere genau gegenüber angesetzt. Man muß sicher sein, sie weit genug vom Deckel zu entfernen, so daß sie dessen Abnahme nicht stören. Schlicker verwendet man zum Einstreichen der Flächen, die verbunden werden. Zum Schluß preßt man die Ansätze auf ihren Platz und glättet sie mit den Fingerspitzen an.

Endarbeiten am Topf

Welcher Topf auch immer hergestellt wird, er muß auf der Außen- und Innenseite ein gutes Aussehen bekommen. Das bedeutet, daß alle überschüssigen Tonstücke mit dem Drehwerkzeug abgekratzt und die Gießlöcher mit der Spitze des Holzwerkzeuges gesäubert werden müssen. Dies schließt den Teetopf ab, mit Ausnahme des Glasierens und der Anbringung des Rohrgriffes, als endgültiger Abschluß zu einem anspruchsvollen Töpfereistück.

Glasieren ist wie immer eine praktische und dekorative Zugabe für das fertige Stück. Wird eine Glasur ausgewählt, achte man darauf, daß ein Teetopf nicht nur regelmäßig gebraucht wird, sondern auch regelmäßig ausgewaschen wird. Da er ein Blickfang auf dem Frühstücksbrett oder dem Teetisch sein wird, sollte er besonders attraktiv aussehen.

Werden irgendwelche Haushaltsartikel glasiert, sollte man immer an die Vorsichtsmaßregeln von Seite 122 denken. Der gezeigte Topf wurde vollkommen eingetaucht, und zwar in normaler Stellung in eine weißmatte Bitterspatglasur. Diese wird hergestellt aus Feldspat, Bitterspat und Ton. Er wurde dann umgedreht, heftig geschüttelt, so daß der Überschuß durch den Ausguß floß und auch die Ausgußlöcher deckte. Im nächsten Kapitel stehen Informationen und Details über verschiedene Dekorationen und Glasurtechniken.

Der Rohrgriff, wird erst nach dem Brennen des Topfes angebracht. Der Griff wurde so gestaltet, daß er sehr leicht befestigt werden kann. Um sicher zu gehen, taucht man ihn zuerst einige Minuten in Wasser ein, um ihn geschmeidig zu machen (Bild 14).

14. Nachdem der Rohrgriff eingeweicht wurde, wird er an dem Teetopf befestigt.

Verzieren und glasieren von Ton

Einführung
in die Dekoration

Wurde erst einmal gelernt, die Vielzahl an unterschiedlichen Töpfen in einer Reihe von Vorgängen herzustellen, wird man sie zum Abschluß auch mit einem Muster versehen wollen.

Die dem Töpfer zur Verfügung stehenden Dekorationsmöglichkeiten sind mannigfaltig und reichen von den traditionellen eingeritzten Dekoren der primitiven Tonbearbeiter zu den hochgradig komplexen Effekten, die durch die Anwendung von Oxyden erreicht werden, genauso wie durch moderne chemische Glasuren und Emaillen.

Dekorative Effekte können ganz grob in zwei Hauptklassen unterteilt werden: Jene, die direkt auf den Tonkörper gearbeitet werden und die anderen, bei denen die Zuhilfenahme eines anderen Materials stattfindet.

In die erste Klasse gehören Sgraffito und Glanzschleiftechniken, die dem Topf ein warmes, traditionelles Aussehen verleihen, und in die zweite Klasse gehören all die Methoden mit einer Zugabe eines Musters oder Farbe, vom Schlicker bis zum aufglasierten Emaille.

Mit Schlicker können einfache dekorative Formen zugefügt werden. Schlicker ist einfacher Ton, kontrastierend in der Farbe zum eigentlichen Tonkörper, der gewässert wurde bis zu einer Festigkeit von dicker Creme und dann für Form- und Musterarbeiten angewendet wird, wenn der Topf sich im lederharten Stadium befindet. In diesem Stadium können auch metallische Oxyde auf den Topf aufgetragen werden, die eine Reihe von dunklen Farben beim Biskuitbrennvorgang abgeben.

Das gebräuchlichste dekorative Mittel ist jedoch die Glasur. Diese chemische Verbindung wird dann auf den Topf gegeben, wenn er biskuitgebrannt wurde und muß dann noch einmal gebrannt werden – bekannt als Polierbrennvorgang – der den beständigen, wasserabweisenden Mantel hervorbringt, den jeder schon auf Haushaltswaren und Kochgeschirr gesehen hat.

Alle Gegenstände, die man für praktische und nicht nur dekorative Zwecke verwenden will, sollten glasiert werden, zumindest auf der Innenseite.

Schließlich gibt es eine Reihe von Emaille, Überzugsglänzen und Metallglänzen, die auf die Oberfläche der normalen Glasur aufgetragen werden

können und einen dritten Brennvorgang benötigen. Diese können dazu verwendet werden, einige exotische Effekte herzustellen, wie sie in den Katalogen von Zulieferern gezeigt werden. Jedoch wird dem Anfänger geraten, sich zuerst auf den Biskuitbrennvorgang und auf den Polierbrennvorgang zu konzentrieren, bis er Erfahrung und Vertrauen gewonnen hat. Diese beiden Brennprozesse werden im nächsten Kapitel ausführlich erklärt.

Ein glanzfarbener Kelch, der ein gutes Beispiel der Glasurtechnik darstellt. Die Oberfläche erscheint hochreflektierend in Blau und Gold. Das Blau ist mit feinen regenbogenfarbenen Streifen durchbrochen.

Dekorieren mit Schlicker

Schlicker ist Ton, der mit Wasser gemischt wurde, um eine cremige Flüssigkeit zu bilden. Er wird u. a. zum »Ziehen« von Mustern auf der Oberfläche einer Platte in verschiedenen Formen angewendet. Verschiedenfarbige Tonsorten können für unterschiedliche Muster genommen werden und verschaffen interessante und attraktive Dekorationen auch ohne eine Glasur.

Seitdem man geformte Platten relativ schnell und leicht herstellen kann, hat man die Möglichkeit, viele Schlicker-Dekorationstechniken auszuprobieren, bis man einwandfreie Ergebnisse erhält. Die Platte wird dekoriert, während der Ton noch immer in der Form steckt und leicht feucht ist.

Man beginnt mit verschiedenfarbigen Tonsorten. Um einen Rot-und-Weiß-Effekt zu bekommen, nimmt man einfach roten und weißen Erdenwarenton, der durchnäßt wird. Auf diesen Bildern wird weißer Schlicker für den Grundmantel genommen und für die weitere Dekoration wird brauner Schlicker hinzugegeben.

Der Ton wird in kleine Stücke gebrochen und in Wasser eingetaucht, bis sich die Klumpen auflösen. Dann gießt man das Gemisch durch ein feinmaschiges Sieb. Danach sollte der Tonschlicker glatt und von cremiger Festigkeit sein. Ratsam ist, verschiedenfarbige Schlickersorten in Plastikbehältern mit festpassenden Deckeln zu lagern.

Verschiedene Farben, wie etwa Blau, Rosa, Gelb und Grün können erreicht werden, indem man verschiedene Mengen von Körperfarbstoffen zu weißem Schlicker hinzufügt. Zum anderen können Metalloxyde zum Schlicker hinzugegeben werden, die weiche, erdene Farben nach dem Brennen ergeben. Die Details dieses Prozesses werden auf Seite 113 erklärt.

Schlickerdekorationen können marmoriert, gefedert, gekämmt, gegossen oder gezogen werden. Ziehen ist die einfachste Technik und für die untrainierte Hand am leichtesten durchzuführen.

Begonnen wird dabei mit dem Grundmantel aus Schlicker. Dann schöpft man eine kleine Menge Schlicker in eine Schüssel und gießt ihn auf die Mitte der Platte, während diese noch immer in der Form steckt (Bild 1). Die Form wird vorsichtig hin- und herbewegt, bis der Schlicker die Oberfläche vollkommen bedeckt hat (Bilder 2, 3).

Unbrauchbarer Schlicker, der auf dem Plattenboden übrigbleibt, wird fortgegossen.

1. Eine kleine Menge Schlicker wird auf die in der Form liegende Tonplatte gegossen.
2.3. Der Schlicker soll die ganze Tonplatte bedecken.
4. Mit dem Schlickzieher werden Designs auf die Oberfläche gezogen.

Für gezogene Designs gebrauchen die Töpfer ein Werkzeug, genannt der Schlickerzieher. Er hat die Form eines zwiebelförmigen Behälters mit einer feinen Schnauze, durch die der flüssige Schlicker gedrückt werden kann. Schlickerzieher können von Töpfereizulieferern bezogen werden. Zum anderen kann auch mit einem Zuckerguß-Beutel aus Ölpapier oder einem Plastik-Beutel Schlicker durch ein kleines Loch gedrückt werden, das in eine Ecke des Beutels geschnitten wurde.

Der Zieher wird mit Schlicker in der gewünschten Farbe gefüllt und die Schnauze dicht auf die Platte gehalten. Dann drückt man den Schlicker auf die Oberfläche des Tons. Die Hand sollte sich frei bewegen können (Bild 4). Ist man erst einmal damit vertraut, können auch Stücke mit Inschriften dekoriert werden.

Dekorieren mit Marmoriereffekt erfordert ebenso einen Grundmantel aus nassem Schlicker. Von einem andersfarbigen Schlicker läßt man einige Tropfen in die Mitte der Platte fallen (Bild 5). Während das Stück horizontal in den Händen gehalten wird, dreht man es schnell und stoppt dann

5

6

ab, wiederholt dies ein zweites Mal und die beiden Schlickersorten sollten ineinander verschmelzen, um ein attraktives, marmoriertes Muster zu ergeben (Bild 6).

Das Federn ist eine andere Form der Dekoration, die sehr effektiv sein kann. Das geformte Stück wird mit einer Grundfläche aus Schlicker bedeckt. Dann nimmt man eine zweite Farbe in den Schlickerzieher und mit der Hand werden Linien quer über die Platte, gezeigt in Bild 7, gezogen. Als nächstes wird von einem Besen eine Borste genommen und leicht über die gezogenen Linien mit einer schnellen Bewegung gezogen.

An einer Kante wird begonnen, die Borste quer hinüber auf die andere Seite zu ziehen, dann wird sie etwas weiter entfernt erneut quer hinübergezogen. Man arbeitet von einer Seite der Platte zur anderen, wobei ein herrliches, gefedertes Muster entsteht (Bild 8).

Eine andere Technik ist es, über die Grundschicht aus, Schlicker zu kratzen, um die Farbe des Tonkörpers freizulegen. Wenn der Schlicker genug abgehärtet ist, wird mit einem Kamm oder einer Gabel hinübergezogen, um eine eingeritzte Dekoration zu bekommen (Bild 9). Werden einige Zähne des Kammes ausgebrochen, so ergibt dies ein interessantes, unregelmäßiges Muster.

Die Sgraffito-Technik kann in Verbindung mit Schlicker angewendet wer-

5. Einige Schlicktropfen werden auf die Platte fallen gelassen.

6. Durch schnelles Drehen laufen die Tropfen ineinander, so daß ein marmorierter Effekt entsteht.

7. Linien werden über die Tonplatte gezogen.

8. So entsteht ein gefedertes Muster.

9. Mit einer Gabel oder einem Kamm können auch Muster erreicht werden.

7

8

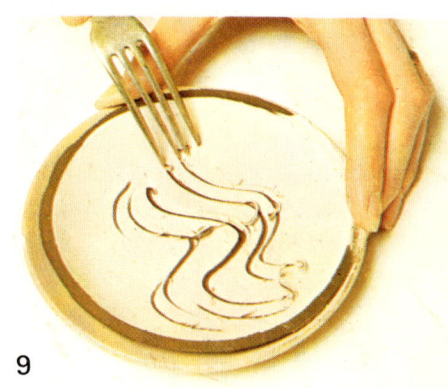

9

den, genauso wie mit einfachem Ton. Mit einem Nagel oder einem scharfen Werkzeug wird irgendeine Art von Muster durch den Schlicker gekratzt, so daß der darunterliegende Ton freigelegt wird (Bilder 10, 11). Hat man schließlich genügend Übung erreicht, kann der Schlicker in küh-

10

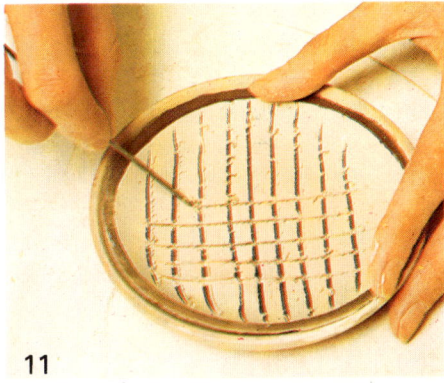

11

10. Einritzen eines Musters mit einem Nagel.
11. So erhält man ein Kreuzmuster.

Links: Eine breite Palette von Effekten können mit einer einfachen Schlickdekoration erreicht werden. Braun und weiß sieht attraktiv aus, aber es können auch andere Farben angewendet werden.

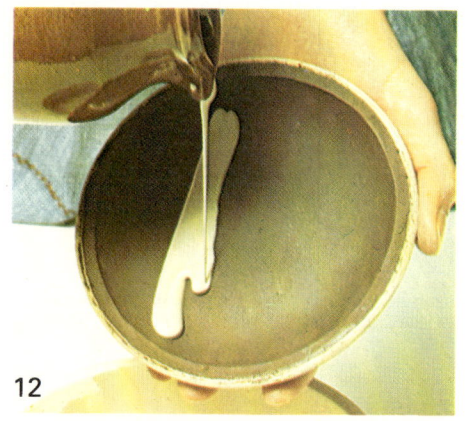

12

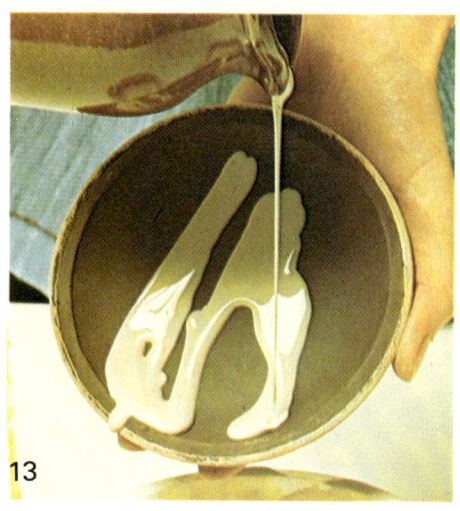

13

nen und freien Farbschwappen quer über die Platte gegossen werden (Bild 12). Diese neigt man etwas und gießt den Schlicker von Seite zu Seite, wobei der Schlicker weglaufen kann (Bild 13). Gießen Sie nicht zu wenig Schlicker auf: er wird ja auch schrumpfen, wenn die Form gebrannt wird – und dann sollte er eine noch sichtbare Schicht bilden.

Wenn die Platte lederhart geworden und die Dekoration fertig ist, entfernt man die Platte aus der Form. Wenn nötig, werden die Kanten mit einem Reibeisen oder einer Feile in Ordnung gebracht. Teller und Platten, die mit Schlicker dekoriert wurden, können einfach biskuitgebrannt werden (s. S. 132) oder können, wenn man es vorzieht, mit einer klaren Glasur bezogen und neu gebrannt werden, um sie wasserdicht zu machen.

12.13. Attraktive Muster können durch einfaches Daraufgießen entstehen.

Rechts: Verschiedene Schlickdekorationen, ein beschrifteter Trinkbecher aus England und ein marmorierter Teller.

Dekorieren mit Oxyden

Oxyde sind metallische Zusammensetzungen, die in natürlicher Weise in der Erde vorkommen. Diese kann man als Farbpigmente für Ton und Glasuren verwenden. In ihrem natürlichen Zustand färben Oxyde Fliesen, Steine und einige Tonarten. Rotem Steingut z. B., wird seine charakteristische Farbe durch Eisenoxyd gegeben.

Die gebräuchlichsten Metalloxyde bauen auf Eisen, Kupfer, Mangan, Kobalt, Nickel und Chrom auf. Diese werden chemisch bearbeitet, gereinigt und zu feinem Pulver gemahlen, die im Wasser auseinanderfließen, um eine Suspension zu bilden. Metalloxyde können von Töpfereizulieferern in dieser fertigen, gepuderten Form gekauft werden. Viele sind in der Puderform schwarz, so daß man die Behälter mit Etiketten versehen sollte (Bild 1), um nachher die so gleich aussehenden Pulver unterscheiden zu können.

Töpfe können mit Oxyden auf verschiedene Arten dekoriert werden. Man kann sie in den Grundton mischen oder sie später auf den Topf geben. Schlicker kann mit Oxyden eingefärbt oder letztere können ein Teil der Glasurzusammenstellung sein. Einige Oxyde unterziehen sich einer dramatischen Farbänderung, auch wenn sie vorher nur braun oder schwarz aussahen. Oxyddekorierte Töpfe müssen nur einmal gebrannt werden.

Werden Oxyde ohne Glasur verwendet, verändern sich die Farben nicht besonders. Töne in Rostbraun, Schwarz und Braun werden erscheinen, die dem Topf ein weiches, erdenes Endaussehen geben. Das Folgende ist ein einfacher Führer durch die Farben, die durch eine direkte Zugabe von Oxyden auf den fertigen Topf erreicht werden können (also ohne Anwendung einer Glasur):

Eisen ergibt eine rostbraune oder Ockerfarbe;

Kupfer ein warmes Schwarz;

Mangan gibt Braun

und Kobalt ergibt bei der direkten Auftragung auf den Topf, ohne daß er gebrannt wird, Schwarz. Man versucht es zuerst mit einzelnen Oxyden, dann mit der Bindung von zwei oder mehreren, um verschiedene Farbtöne zu erhalten.

Wenn das Oxyd direkt auf den Topf gegeben wird, dann mischt man es zuerst mit etwas Wasser, nimmt dann aus einem kleinen Topf einen halben Teelöffel Oxyd und mischt es mit Wasser, bis es die gleiche Festigkeit wie eine Wasserfarbe erreicht. Man muß darauf achten, daß die Mi-

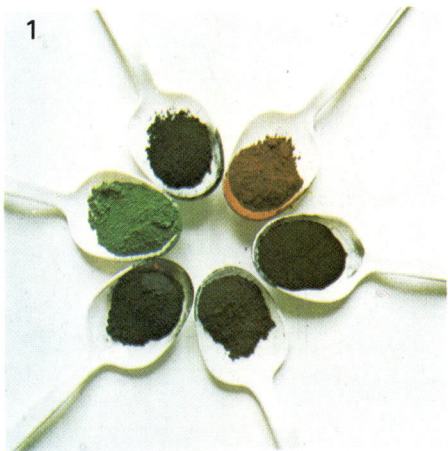

1. Oxyde in Pulverform können ziemlich gleich aussehen. Es ist deshalb ratsam die Behälter zu beschriften.

2. Oxyde werden dünn mit einer Malerbürste aufgetragen.
3. Streifen werden gezogen, indem das Rad gedreht wird.

schung gut umgerührt wurde, da Metalloxyde schwer sind und sich leicht absetzen.

Aufgebürstet wird mit einer großen, weichen Bürste, womit das Oxyd in einer dünnen Tünche aufgetragen wird (Bild 2). Wird es zu dick aufgetragen, wirkt es sehr schwarz und blättert nach dem ersten Brennen ab.

Eine Drehscheibe ist hilfreich für den Anmalvorgang, wenn an einem kleinen Topf ohne scharfe Kanten gearbeitet wird. Es genügt eine kleine Scheibe, die mit der Hand gedreht werden kann wie sie zur Grundausstattung einer Töpfereiwerkstatt gehört.

Der Topf wird in der Mitte der Drehscheibe plaziert, dann schwämmt man die Bürste mit Oxyd voll und beginnt es aufzutragen. Die Bürste hält man am oberen Ende des Topfes und zieht sie gradlinig nach unten, während sich die Scheibe dreht. Dieser Arbeitsvorgang vermeidet Markierungen durch die Bürste. Auch können gleichmäßige Farbbänder aufgetragen werden, indem man die Bürste an einem Platz hält (Bilder 3, 4).

Durch Sprühen erhält man einen gesprenkelten Effekt. Ein kleiner Spraybehälter aus Plastik kann für diesen Zweck verwendet werden, ebenso eine alte Zahnbürste. Die Bürste wird mit Oxyd eingeschwämmt, die Bor-

4. So werden weitere Streifen angefertigt.
5. Mit einer alten Zahnbürste wird Farbe aufgespritzt.
6. Mit einem Schwamm erzeugt man einen punktierten Effekt.

sten werden mit den Fingern zurückgedrückt. Die Bürste mit dem Oxyd hält man so, daß es leicht auf das rotierende Gefäß spritzt (Bild 5).

Auch kann ein kleines Stück Naturschwamm genommen werden, um das Oxyd aufzutragen. Das Pressen des Schwammes auf den Topf ergibt einen punktierten Effekt (Bild 6).

Bei solchen Versuchen sollten Sie Ihrer Fantasie nicht allzu freien Lauf lassen: versuchen Sie gleichmäßige und gleichmäßig dichte Muster zu erzeugen – und nicht zu sparsame oder zu wirre Dekore.

Natürliche Töne sind charakteristisch für Töpfe die mit Oxyden gefärbt wurden. Der zylinderförmige Topf hat eine eingeritzte Dekoration, in denen sich tiefere Oxydfarbtöne festgesetzt haben. Der kleinere Topf hat einen braunen Eisenoxyd-Farbton.

Polieren und Ritzen

Töpfe, die bei einer niedrigen Temperatur gebrannt werden müssen, können nicht glasiert werden, da die Hitze, die erzeugt wird, nicht ausreicht, um die notwendigen chemischen Veränderungen in der Glasur zu bewirken. Jedoch können sie auf eine Weise dekoriert werden, die traditionell und sehr attraktiv ist und die sie wasserundurchlässig macht, ungefähr so, wie man es durch eine Glasur erreicht hätte.

Das Polieren von ungebrannten Töpfen ist eine Technik, deren Ursprung fast 5000 Jahre zurückgeht und von den Bewohnern des vorhistorischen Ägyptens, Europas und Mittleren Ostens angewendet wurde. Beispiele dieser alten und schönen polierten Keramikware können in Museen in der ganzen Welt angesehen werden.

In vielen Ländern hat sich das dekorative Polieren von Töpferware zu einer eigenständigen Kunst entwickelt. Die Pueblo-Indianer aus Neu-Mexiko und Arizona z. B. bauen hochgradig polierte und dekorierte Keramiksachen für den Hausgebrauch und spirituelle und zeremonielle Zwecke. Die Peruaner in Südamerika haben hunderte von Jahren lang hübsche Vasen und Gefäße hergestellt, von denen viele schwarz poliert wurden.

Für eine Vielzahl afrikanischer Stämme spielen Objekte aus Ton noch heute im täglichen Leben eine Rolle. Ton wird genommen, um eine Menge unterschiedlicher Gegenstände herzustellen, von Kochtöpfen bis zu rituellen Skulpturen und Zeremoniegegenständen, Spielzeug, Kügelchen und Tabakpfeifen. Große Vorratsbehälter werden ebenso für die Familienvorräte an Korn hergestellt. Die Töpfe für den Hausgebrauch müssen speziell gebrannt werden, da dieser Prozeß der Versiegelung der Oberfläche zugute kommt.

Polierte Sudanesische Waren

Im Sudan werden viele Haushaltsgegenstände poliert und durch Einritzen dekoriert. Der auf den Bildern gezeigte Töpfer ist im Sudan geboren und lehrt heute in England. Er fertigt seine eigenen, sehr hübschen und individuellen Töpfe an. Er ist auf polierte und eingeritzte Dekorationen spezialisiert.

Der traditionelle Kaffeetopf, auch als Jabbanah bekannt, wird mit sehr dünnen Wänden gebaut und mit sehr großer Sorgfalt poliert. Die sudanesischen Handwerker polieren mit einer sehr glatten Muschel, die aus dem Roten Meer kommt und so ausgewählt wird, daß sie bequem in die

Das Sgraffito-Muster auf dem Topf zeigt Verwandtschaft mit der Dekoration auf dem sudanesischen Kaffeetopf.

Handfläche paßt. Sie reiben die Muschel über die Oberfläche des Tons in einer langsamen, kreisenden Bewegung, bis ein glatter und glänzender Effekt erreicht wird. Die Töpfe werden dann um den Hals herum durch Einritzen sorgfältig geplanten Musters dekoriert.

Jabbanahs in unterschiedlichen Größen werden für alle Gelegenheiten hergestellt, für tägliche Anlässe bis zu Hochzeiten und großen Feiern. Man kann sich denken, daß das Einschmieren bei jeglichem Gebrauch dazu beiträgt, daß die Politur länger hält und dem Topf einen sehr attraktiven Glanz gibt.

Andere afrikanische Beispiele

Das Polieren ist auch eine gebräuchliche Sache in anderen Teilen Afrikas. In Nigeria, Ghana, Sambia und Äthiopien z. B. wendet man verschiedene Techniken für die unterschiedlichen Tonsorten an. Der Ton hat oft eine hellrote Farbe und gelegentlich wird Graphit angewendet, um diesen Effekt zu variieren.

Der Graphit wird pulverisiert und dann mit Wasser oder Fett gemischt auf den Topf gerieben. Der Topf wird dann mit einem glatten Kieselstein poliert, um ihm ein schwarzes, glänzendes Endaussehen zu geben.

Die Töpfe werden in diesen Ländern gewöhnlich in halboffenen Feuern gebrannt, die eine Temperatur von 500°–700°C erreichen. Der polierte Effekt auf der Oberfläche des Topfes tendiert dazu, zu verschwinden, wenn er mit mehr als 900°C gebrannt wird.

Polieren eines Topfes

Für den ersten Versuch wäre es ganz gut, einen kleinen und festen Topf auszusuchen, ungefähr in der Größe einer geballten Faust oder etwas größer. Der Sinn des Polierens ist, daß es ein langsamer, gradliniger Aufbauprozeß zum Erreichen des Glanzes ist. Auch wenn es langweilig scheinen kann, so ist der fertige Topf doch die Arbeit wert.

Der Ton sollte lederhart austrocknen können. Danach wird das Polieren fortwährend schwieriger und man wird vielleicht so beginnen, die Oberfläche mehr einzukratzen als sie zu polieren. Wenn der Topf bequem in der Hand liegt, beginnt man die Oberfläche mit der Rückseite eines Teelöffels abzureiben und zwar in einer kleinen, kreisenden Bewegung (Bild 1). Man arbeitet über die ganze Topfoberfläche und wiederholt dann den ganzen Prozeß. Man merkt, daß sich ganz allmählich ein Glanz aufbaut, wenn die Rückseite des Teelöffels über die Tonoberfläche gerieben wird (Bild 2). Dieser Vorgang wird fortgeführt, wenn der Ton sich versteift,

1.2. Man beginnt die Oberfläche des Tonkörpers mit dem Rücken eines Teelöffels zu polieren und führt diese langsam kreisende Bewegung über den ganzen Topf fort.
3. Dieser Poliervorgang wird mit den Fingerspitzen beendet.
4. Die fertig polierte Schüssel zeigt ein warmes Aussehen.
5. Nachdem der Topf trocken ist, wird ein Design eingekratzt.

1

wobei man zehn- bis fünfzehnmal über den ganzen Topf geht, bis sich herausstellt, daß der Topf schon weiter als lederhart auszutrocknen beginnt. Der Reibevorgang wird mit den Fingerspitzen beendet (Bilder 3, 4), wobei so hart gedrückt wird, daß ein quietschendes Geräusch entsteht. Bevor irgendwelche weiteren Dekorationen hinzugefügt werden, sollte der Topf gut austrocknen.

Dekorieren mit Sgraffito
Traditionell wird das Design mit einem spitz zulaufenden Instrument auf die Oberfläche eines polierten Topfes gekratzt — eine Technik, die unter dem Namen Sgraffito bekannt ist. Töpfer verwenden normalerweise ein stumpfes Metallwerkzeug, aber genauso kann eine Stopfnadel oder eine Haarnadel genommen werden (Bild 5).
Zuerst muß das Design geplant werden, bevor mit dem Auskratzen begonnen wird. Es ist die Sache wert, sich daran zu erinnern, daß ein Kontrast zwischen matten und glänzenden Oberflächen am attraktivsten aussieht; daß Flächen paralleler Linien und Querschraffierungen mit glatt und glänzend belassenen Flächen kombiniert werden können (Bild 6). Das Design wird ausgearbeitet — so einfach es auch sein mag — indem diese Punkte berücksichtigt werden.
Geometrische Designs sind einfacher durchzuführen und effektiver als Blumen- oder Blätterformen. Man sollte langsam arbeiten und sorgfältig jeden überschüssigen Staub wegblasen, anstatt ihn wegzubürsten und damit die Oberfläche unter Umständen zu verkratzen.

2

3

5

4

Geometrische Figuren sehen besonders attraktiv aus, wenn sie mit glatten Flächen aus glattpoliertem und undekoriertem Ton verbunden werden.

Wenn der Topf fertig ist, wird er zur Seite gestellt, damit er vollkommen austrocknen kann. Ist man soweit, den Topf zu brennen, wird er mit äußerster Sorgfalt behandelt und aufgestellt, wenn er in den Ofen kommt. Durch das Brennen wird der Topf zur Töpferware. Er muß aber noch immer mit großer Sorgfalt behandelt werden, da Gegenstände, die bei niedriger Temperatur gebrannt werden, dazu neigen, daß sie bröckeln oder brechen. Man verwendet polierte und eingeritzte Töpfe eher als Dekorationsgegenstände, als für den harten Hausgebrauch.

6

6. Geometrische Designs verbinden sich gut mit den glatten, glänzenden und undekorierten Flächen.

Arbeiten mit unterschiedlichen Glasuren

Wenn ein Topf biskuit-gebrannt wurde (s. S. 132) und dauerhaft hart geworden ist, so kann er nun glasiert werden. Die meisten Töpfe werden aus dem einen oder anderen Grund glasiert: Töpfe mit einer überwiegend praktischen Funktion, wo die Glasur die Funktion der Wasserundurchlässigkeit für Ton hat werden glasiert, damit eine glatte, dauerhafte Oberfläche entsteht, die leicht gereinigt werden kann und hygienisch wirkt, wenn sie sauber aufgetragen wurde.

Zum anderen ist die Glasur hochattraktiv, ob sie nun allein oder in Verbindung mit anderen dekorativen Methoden angewendet wurde. Man kann sie z. B. in hellen oder gereiften Farben kaufen, oder in Verbindungen, die ein mattes oder glänzendes Endaussehen geben. Auch kann sie klar sein, so daß der Tonkörper durchscheint, oder sie kann vollkommen undurchsichtig sein.

Glasur ist eine bestimmte Sorte Glas, die chemisch so aufgeschlüsselt ist, daß sie an der Tonoberfläche anhaftet, wenn der Ton erhitzt wird. Die chemische Zusammenstellung von Glasuren ist höchst komplex und das Grundmaterial hängt von der Tonart ab, die verwendet wurde. Glasuren für Erdenwarenton bauen auf Blei oder Natriumborat auf; für Steinwaren werden Bodenfeldspat oder andere Minerale verwendet.

Die Glasur wird auf einem Zuschlag zusammengestellt, welcher die Farbe genauso gut hervorhebt wie die Struktur, wie die Temperatur, bei der sich die Glasur verflüssigt; ein strengflüssiges Metall, das der Haftbarkeit der Glasur hilft und sie dauerhafter macht; und Kieselsäure, welches das glasformende Material der Glasur darstellt. Eine Vielzahl anderer Zugaben werden dazugegeben, um spezielle Qualitäten zu erzeugen.

Der Kauf von Glasuren

Das Mischen von Glasuren erfordert eine Menge Geschicklichkeit und Erfahrung. Berufstöpfer mischen normalerweise ihre eigenen Glasuren, aber für den Anfänger oder den Hobbytöpfer sind fertiggemischte, gekaufte Glasuren vollkommen ausreichend. Man kann diese bei einem Töpfereizulieferer beziehen, der Proben der Farbarten bereit hält, ebenso wie umfassende Anweisungen für ihren Gebrauch.

Der Glasurtyp, der gekauft wird, sollte für den Tonkörper angemessen sein, man braucht: Steinwarenglasur für Steinwarenton, Erdenwarenglasur für Erdenwarenton usw.

Erdenwarenglasuren sind gewöhnlich glänzend und schwer wegen ihrer niedrigeren Brenntemperaturen. Steinwarenglasuren sind oft matter, freundlicher in der Farbe mit einem Schein von Naturstein. Porzellanglasuren sehen wegen der Reinheit des Tons normalerweise freundlich und wertvoll aus.

Gekaufte Glasuren kommen normalerweise in flüssiger oder Puderform vor. Flüssige Arten müssen genügend durchgerührt werden, bevor man sie anwendet, Puderformen sollten mit Wasser gemischt werden, je nach den Anweisungen des Herstellers. Andere Materialien – etwa Metalloxyde in Pulverform und Beize für einen bestimmten Effekt – können in diesem Stadium hinzugefügt werden.

Wenn die Glasur erst einmal mit Wasser zu einer cremigen Festigkeit gemischt wurde, sollte sie in Plastikbehältern versiegelt und gelagert werden. Die Gefäße sollten gut schließende Deckel haben und auf Etiketten sollten Einzelheiten über den Glasurtyp stehen, ebenso Angaben über Farbe und Brenntemperaturen.

Zu beachten beim Arbeiten mit Oxyden

Es kann gefährlich sein, metallische Oxyde hinzuzufügen, besonders Kupfer bei niedrigen Temperaturglasuren: Sie beschleunigen die Freigabe von Blei aus der Glasur, wenn sie mit Säuren in Kontakt gebracht werden. Beinahe alle Glasuren sind leicht löslich in Säure und deswegen haben die meisten Länder detaillierte Bestimmungen über die gesetzmäßig erlaubten Maße an Bleigehalt und anderen schweren Metallen festgelegt, die von jedem glasierten Stück freigegeben werden, welches vermutlich mit Nahrungsmitteln in Berührung kommen könnte.

Wenn Glasuren sauber angewandt werden, sollte es eigentlich kein Problem geben. Werden Gefäße hergestellt, die für Essen, Trinken oder Lagern von Lebensmitteln verwendet werden, müssen die Anweisungen des Herstellers sorgfältig befolgt werden. Es ist ratsam, die verwendeten Glasuren mit den erlaubten Grenzen im Einklang zu halten. Man denke daran, daß einige Substanzen der Glasuren Gifte sind. Deshalb wäscht man seine Hände sorgfältig nach jeder Arbeit. Glasuren lagert man außerhalb der Reichweite von Kindern und getrennt von Nahrungsmitteln. Nachdem ein Topf biskuitgebrannt wurde, ist er fertig, um mit Glasur bedeckt und neu gebrannt zu werden. Diese zweite Art des Brennvorganges nennt man Glanzbrennen und es wird genauer im nächsten Kapitel beschrieben.

Der Topf wird eingehend mit einem feuchten Schwamm auf der Außen- und Innenseite gesäubert, um jeglichen Tonstaub zu entfernen, der die Glasur vom Haften abhalten würde und Blasen im fertigen Stück verursachen könnte.

Man muß sicher sein, daß es auf dem Topf keine Fettspuren gibt, genausowenig wie die Oberfläche porös sein darf. Dies absorbiert die Glasur, indem es Wasser aufsaugt und einen pulverigen Mantel aus Glasur an

Beispiele falscher Glasuren: Die Glasur auf der Vase flockt ab. Die Glasur auf dem Krug hat auf einigen Stellen nicht gehalten.

Die Bilder auf der nächsten Seite zeigen eine Gruppe erfolgreich glasierter Töpfe sowie den Glasiervorgang.
1. Die Glasur wird gut mit den Händen umgerührt.
2. Der Topf wird in die Glasur eingetaucht.
3.4. Der Topf wird aufrecht herausgezogen und überflüssige Glasur fortgegossen.

der Oberfläche hinterläßt. Gerade die richtige Dicke der Glasur ist notwendig, um dem Topf ein gutes, fertiges Aussehen zu verleihen. Sie hängt von der Porösität des Topfes (ein weniger poröser Topf braucht eine dickere Glasur) und dem Typ der verwendeten Glasur ab.

Allgemein gesagt sollte die hinzugefügte Glasur ca. 2 mm dick sein. Man beobachte, welche Fortschritte eine Glasur macht und welche Effekte während des Brennens entstehen. Es lohnt sich, ein Notizbuch mit den Ergebnissen für zukünftige Töpferarbeiten anzulegen.

Wenn die Glasur zu dick ist, kann sie verlaufen oder »kriechen«; und wenn sie zu dünn ist, so wird die Oberfläche trocken und uninteressant. Festigkeitsergebnisse können nur mit Übung und Erfahrung erreicht werden, aber es ist auch aufregend, die Tür des Brennofens nach dem Glanzbrennvorgang zu öffnen und das Ergebnis eines speziellen Experimentes zu betrachten.

Die Glasur kann durch Tunken, Gießen, Sprühen, Ziehen, Malen und Spritzen auf den Topf gegeben werden. Man achte immer darauf, sie vor dem Gebrauch umzurühren, da die Inhalte sich auf dem Boden absetzen, auch wenn man die Mischung nur für einen kleinen Augenblick stehenläßt.

Tunken ist der beste und einfachste Weg, um einen Topf zu glasieren. Die Glasur wird eingehend mit den Händen durchgerührt (Bild 1). Den Topf hält man mit den Fingern so leicht wie möglich und tunkt den Topf in die Glasur (Bild 2).

Es sollte soviel Glasur im Behälter sein, daß der Topf völlig untertauchen kann. Er wird seitlich eingetaucht und von Seite zu Seite gezogen, um Luftlöcher zu vermeiden. Danach hebt man ihn aufrecht heraus (Bild 3). Ein Bad von wenigen Sekunden sollte lang genug sein, um dem Topf einen angemessenen Mantel aus Glasur zu geben. Jeglicher Überschuß

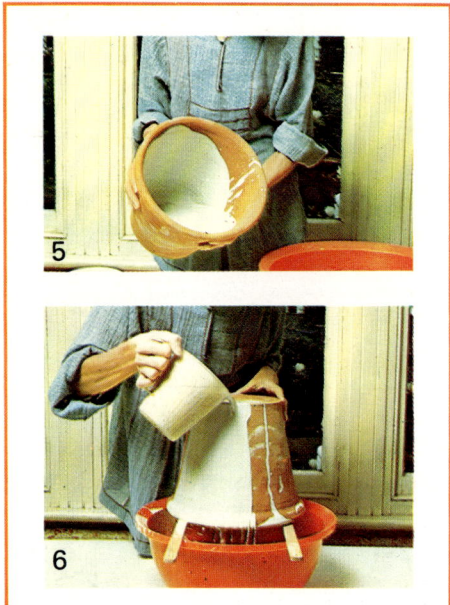

5. Die Glasur wird im Topf herumgeschwenkt.

6. Die Glasur wird über die Oberfläche gegossen, bis sie völlig bedeckt ist.

wird schnell herausgegossen (Bild 4) und der Topf bleibt auf seiner Grundfläche zum Trocknen stehen. Fingerabdrücke entfernt man, indem leicht Glasur mit den Fingerspitzen daraufgestrichen wird. Bevor er nicht vollkommen trocken ist, sollte er nicht berührt werden, sonst würde man ihn verschmieren. Er sollte in wenigen Augenblicken trocknen.

Glasuren schmelzen in der Hitze und haften an der Oberfläche des Gefäßes. Der Boden des Topfes muß gereinigt werden, bevor er in den Ofen kommt und der Boden muß frei von Glasur sein, da er sonst an den Brennofen anklebt und sich selbst und das Regal verdirbt! Man stellt den Topf auf einen flachen Schwamm und preßt ihn leicht herunter, wobei er gedreht wird. Dies wird die Glasur gut und schnell entfernen.

Wenn der Topf groß oder unregelmäßig geformt ist, kann die Glasur darauf gegossen werden. Zuerst wird die Innenseite gearbeitet: etwas Glasur nimmt man in einen Krug, gießt sie in die Innenseite des Topfes und schwenkt den Topf herum, bis die Glasur vollkommen die Innenfläche bedeckt (Bild 5). Jeglicher Überfluß wird weggegossen. Den Topf läßt man leicht trocknen, bevor die Außenseite glasiert wird. Hierfür nimmt man ein Gefäß mit zwei daraufliegenden Stöcken. Den Topf stellt man umgedreht auf diese Stöcke und gießt die Glasur rundherum über den Topf, bis die Oberfläche vollkommen bedeckt ist (Bild 6). Man braucht Übung, um die Glasur gleichmäßig aufzutragen, aber es kann recht attraktiv aussehen, wenn ein dekoratives Gebilde durch die Lauflinien hergestellt wird.

Verschiedene Möglichkeiten Glasuren aufzutragen

Glasur kann mit einer Bürste aufgemalt oder getröpfelt und gespritzt werden, um ein Design zu formen (Bild 7). Es ist schwierig, Glasur gleichmäßig auf einen Topf zu malen, so trägt man also entweder Schichten für einen glatten Effekt auf oder nimmt ein paar Bürstenstriche, um ein Muster zu formen. Man läßt immer den ersten Glasurmantel trocknen, bevor der zweite hinzugegeben wird und achtet darauf, daß die Schichten nicht zu dick sind.

Glasur kann genauso auf die Oberfläche eines Topfes gezogen werden wie bei der Technik des Schlickerziehens. Etwas Glasur nimmt man in einen Zieher und arbeitet Muster quer über den Topf. Dies kann gradlinig auf der Biskuitoberfläche geschehen oder als zweiter Mantel einer dunklen Glasur auf eine schwach glänzende Grundfläche gegeben werden.

Wachs kann auf den Topf gemalt werden, um Muster zu entwerfen bevor man die Glasur aufträgt (Bild 8). Das Wachs widersteht der Glasur (Bild 9), bildet einen gemusterten Effekt und schmilzt während des Brennens fort, um so den darunterliegenden Tonkörper freizugeben. Als Abweichung kann der Topf vollkommen in einer Farbe glasiert werden und wird dann teilweise an der Spitze der Glasur gewachst und in einer zweiten Farbe beträpfelt, um einen zweifarbigen Glasureffekt zu erhalten.

Glasieren von Kochtöpfen

Glasuren für alle Kochgeschirre sollten glatt und mit einer relativ gleichmäßigen Oberfläche versehen sein, die leicht gereinigt werden kann. Für Töpfer mit Erdenware ist der zinnerne Majolika-Glasurtyp ideal. Er ist glatt, sieht sauber aus und bietet sich selbst für viele Arten dekorativer Ausstattung an. Diese Glasuren können fertig gekauft oder leicht selbst hergestellt werden.

Sie müssen jedoch gleichmäßig aufgetragen werden.

Für Töpfer mit Steinware ist die Auswahl an Glasuren um vieles breiter; sie reicht vom gefleckten, undurchsichtigen Weiß, erzielt durch die Zugabe von 8%igem Zinnoxyd zur transparenten Grundglasur, bis zur dekorativen Mattglasur, erreicht durch Erhöhung des Tongehalts und Zugabe von Titan-Dioxyd zur Grundglasur. Jedoch ist das Risiko des Verschmierens dieser matten Oberflächen beträchtlich. Attraktive, dolomitenmatte Glasuren, entweder über einen dunklen Körper oder dunkel gebrannten Schlicker, sind feste Favoriten.

Mehr traditionell arbeitende Töpfer könnten ein reiches schwarzbraunes Tenmoku vorziehen, mit einer kleinen, unglasiert belassenen Fläche und gedunkelt durch das Reiben mit einer kleinen Menge von Eisendioxyd. Dies wäre eine denkbare Wahl für Kochtöpfe.

Eine gefällige, schwarzbraune Glasur kann durch Zugabe von 5%igem Eisenoxyd, 5%igem Manganoxyd und 5% Chinaton zur transparenten Grundglasur erreicht werden. Im ganzen ist es am besten, hellfarbige Glasuren zu vermeiden, die anstatt einen ergänzenden Hintergrund für die Mahlzeiten zu bilden, nur dazu dienen, mit ihnen zu wetteifern und wahrscheinlich gewinnen.

Es ist höchst wichtig, sich an den Kommentar auf Seite 122 zu erinnern, der sich auf die Freisetzung von Blei bezieht. Heißkochende Säfte können eine Freigabe von Blei verursachen, genauso wie andere giftige Materialien sich von gewissen Glasuren lösen können. Es ist notwendig zu entscheiden, welche Glasuren man wählen und anwenden will und zwar richtig.

7. Die Glasur kann auf einen Teller getröpfelt oder gespritzt werden, um ein Muster zu erhalten.

8. Wachs kann auf den Teller gestrichen werden, bevor Glasur aufgetragen wird.

9. Das Wachs wiedersteht der Glasur und schmilzt während des Brennens.

Brennen von Ton

Anleitungen für Brennöfen

Natürlicher Ton muß gebrannt werden, bevor er hart und dauerhaft wird. Die Methode, Gefäße im freien Feuer zu brennen ist angebracht für kleine, derbe Töpfe; aber für jeden besonderen Topf, der viel benutzt wird, ist ein Brennen im Brennofen (oder Töpferofen) grundwichtig.

Die intensive Hitze, die nur von einem Brennofen erreicht werden kann, ist notwendig zum Schmelzen der Töpferglasur. Die Glasur, als gebräuchlichste aller Topfdekorationen, macht den Topf wasserfest. Man erhält durch Glasieren eine glatte, harte Oberfläche, die man leicht reinigen kann. Es sollten in der Glasur oder im Topf keine Risse sein und die Glasur muß während des Brennens völlig schmelzen, was eine extrem hohe Temperatur voraussetzt. Für die meisten Brennarten und alle Glasurarbeiten muß man darum einen Brennofen besitzen oder Zugang zu einem solchen Gerät haben.

Ein Brennofen ist eine Kammer, die auf eine sehr hohe Temperatur erhitzt werden kann. Die Kammer wird normalerweise aus speziellen, hitzeabstoßenden Ziegelsteinen aufgebaut, wie solche, die in elektrischen Speicherheizern verwendet werden. Die Schamottsteine isolieren die Kammer und darum ist es wichtig, daß die Kammer gut verschlossen ist, da sonst die Hitze entflieht und der Brennofen nicht ordentlich arbeitet.

Der Brennofen muß so gestaltet und gebaut werden, daß er die richtige Hitze gleichmäßig und leistungsfähig produziert. Die Temperaturen, die der Brennofen erreichen sollte, hängen davon ab, welche Tonarten gebrannt werden sollen. Erdwarenton braucht eine Temperatur von 1100° C und Steinwarenton eine Temperatur von 1250° C.

Wenn der Ofen erst einmal die gewünschte Temperatur erreicht hat, sollte die Hitze gleichmäßig verteilt werden, so daß die Töpfe sauber gebrannt werden und die Arbeit nicht umsonst war. Noch wichtiger ist es, daß der Brennofen sicher funktioniert, da sonst seine Anwendung gefährlich werden kann.

Brennstoffarten

Die sehr hohen Temperaturen innerhalb der Brennkammer können durch eine Vielzahl von Brennstoffen erreicht werden, wovon man eine auswählt. Die in Töpfereien angewandten Brennöfen, in Schulen und die für den Hobby-Töpfer, können mit Holz, Kohle, Koks, Gas, Öl oder Elektrizität beheizt werden.

Gasbefeuerte Brennöfen sind relativ billig, sie sind aber sehr massig und brauchen einen speziellen Schornstein zum Abzug der Gase.

Der am einfachsten zu handhabende und effektivste Brennofentyp ist der elektrisch geheizte. Ein elektrischer Brennofen hat eine Kammer aus speziellen Schamottensteinen mit eingeschnittenen Furchen. Die Furchen halten dicke Widerstandsdrähte, durch die elektrischer Strom fließt. Der elektrische Brennofen ist besonders wirkungsvoll, da die in einem gleichmäßigen Vorgang eingegebene Hitze durch die isolierenden Ziegelsteine festgehalten wird. Besonders vorteilhaft: nur ein Minimum an Aufmerksamkeit ist während des Brennvorganges notwendig.
Elektrizität produziert keine schädlichen Gase und die Hitzeabgabe ist klein, so daß der Brennofen überall aufgestellt werden kann, sogar in der Küche.

Einer der kleinsten Ofen die zum Brennen geeignet sind, ist dieser kleine elektrische Brennofen.

Das Foto unten rechts zeigt einen kleinen Brennofen. Die anderen Fotos zeigen einen großen Brennofen eines Berufstöpfers. Die Brennkammer ist mit speziellen Ziegeln ausgekleidet, diese Schamottensteine enthalten Reihen aus Brennelementen.

Bevor man sich Pläne zum Aufstellen eines Ofens macht, sollte man sich von einem berufsmäßigen Töpfer beraten lassen, Brennöfen, die mit Holz, Koks oder Kohle geheizt werden, müssen fortwährend geschürt werden, um genug Hitze für ein nutzbringendes Brennen zu erzeugen. Es kann 24 Stunden dauern, einen Ofen zu heizen, abhängig von der Größe. Das bedeutet, daß irgend jemand die ganze Nacht bereitstehen muß, um das Feuer zu schüren. Brennöfen dieser Art werden darum eher von Berufstöpfern verwendet und oft selbst hergestellt. Sie variieren darum sehr weit in ihrer Gestaltung.

Gas- und ölgeheizte Brennöfen sind einfacher zu handhaben; aber auch sie müssen ständig beobachtet werden und es besteht Feuergefahr, wenn sie nicht mit äußerster Sorgfalt angewendet werden.

Sie sind sehr groß, da Öl und Gas unter Druck angewendet werden und Brennöfen müssen darum isoliert sein, um dem Druck zu widerstehen. Auch müssen gas- und ölbefeuerte Öfen an spezielle Schornsteine angeschlossen werden, die die giftigen Gase der Verbrennung wegtragen. Ein normaler häuslicher Schornstein reicht nicht für diesen Zweck, da die Hitze eines Brennofens viel intensiver ist.

Der Vorteil beim Gebrauch von gas-, öl- oder rohstoffbetriebenen Brennöfen liegt in der Vielfalt der Glasureffekte, die man erreichen kann. Der in diesen Ofenkammern erzeugte Sauerstoff kann entfernt werden und dieses bewirkt die Farbe und den Typ der Glasur. Ein anderer Vorteil ist, daß diese Brennstoffe noch immer billiger als Elektrizität sind.

Der eigene Brennofen

Brennöfen kann man, wie alle anderen Gegenstände aus einem Töpfereisortiment, von Töpferei-Zulieferern kaufen.

Bevor ein Brennofen gekauft wird, prüft man sorgfältig seine Ausmaße und geht sicher, daß die Elektrizitätsversorgung ausreicht. Der Händler sollte den Käufer beraten können, aber es ist auch ratsam, sich bei einem verläßlichen Elektriker zu vergewissern.

Spezielle, billige Stromgebühren kann man bekommen, wenn man den Ofen während der Nacht betreibt; darum prüft man an Ort und Stelle die günstigsten Preise. Ein elektrischer Brennofen kann recht billig laufen, wenn man Nutzen aus den Gebühren für Nachtstrom zieht.

Der Bau eines Brennofens ist schwierig und verlangt spezielles technisches Wissen und Geschicklichkeit. Es ist möglich, sich eine Do-it-yourself-Ausrüstung mit dazugehörigen Plänen zu kaufen, aber selbst diese sind für alle Interessenten nicht so einfach zu befolgen. Auch ist es möglich, eine Firma damit zu beauftragen, einen für seine Möglichkeiten und Erfordernisse passenden Brennofen zu bauen.

Die meisten Anfänger merken, daß es einfacher ist, Gebrauch von den bereits vorhandenen Möglichkeiten zu machen, die schon in Schulen oder Hochschulen bestehen. Abendstunden über Töpferei werden meistens von den örtlichen Fachleuten abgehalten, die auch weitere Infor-

mationen geben können. Auch kann man an Wochenend- oder Sommer-
kursen über Töpferei teilnehmen, wo das zur Verfügung stehende Material zum Ausprobieren die Benutzung des Brennofens einschließt. Diese
Kurse werden gewöhnlich in Töpferei- oder Handwerksmagazinen angeboten. Vielleicht kann man sogar Abmachungen mit einem örtlichen
Töpfer treffen, der erlauben könnte, seinen Brennofen gegen Erstattung
der Heizkosten zu benutzen.
Schließlich kann es möglich sein, eine Gruppe von Töpfereibegeisterten
in seiner Gegend zusammenzubekommen, mit dem Ziel, einen gemein-
samen Brennofen zu kaufen und aufzustellen. Das kann mit Anzeigen in
der Lokalzeitung versucht werden oder man hängt eine Notiz in einem
nahegelegenen Erwachsenen-Bildungszentrum aus.

Biskuit-Brenntechniken

Ofenborde werden in angemessenen Höhen im Brennofen aufgestellt, und zwar auf »Stelzen« in verschiedenen Größen.

Der Brennvorgang ist nicht einfach. Die richtige Zeit ist genauso wichtig, wie die richtige Temperatur. Die Brennzeiten variieren je nach Größe und Art des Brennofens. Es ist wichtig, daß man sich mit den Anweisungen des Herstellers vertraut macht, die für eine bestimmte Ausrüstung gilt. Grob gesagt gilt: ein großer Brennofen muß länger geheizt werden als ein kleiner und muß dementsprechend länger abkühlen, wenn der Brennvorgang beendet ist.

Werden Töpfe glasiert, müssen sie zweimal gebrannt werden. Den ersten Brennvorgang nennt man Biskuit-Brennen. Handwerkliche Töpfer brennen Töpfe bei einer Temperatur von ca. 950° C. Diese Temperatur ist hoch genug, um den Töpfen eine gewisse Dauerhaftigkeit zu geben, läßt aber den Ton noch porös genug, um die Glasur anzusaugen.

Wenn die Töpfe absolut knochentrocken sind, können sie gebrannt werden. Die Belastbarkeit bei der Arbeitsweise hängt von der Größe und Art des Brennofens ab, aber es gibt einige allgemeine Regeln, denen man folgen sollte. Für das erstmalige Brennen können die Töpfe aufeinander gestellt werden. Sie können sich berühren, aber es·sollte keinen unnötigen Druck geben – Rand auf Rand wäre eine gute Art. Sehr schwere Töpfe sollten nicht auf leichtere gestellt werden und handgemachte und geformte Töpfe mit unregelmäßigen Formen werden besser auf eigene Brennofenregale gestellt.

Wenn der Ofen gefüllt ist, wird die Tür geschlossen. Die Hitze wird gradlinig und gleichmäßig zugeführt, bis die gewünschte Temperatur erreicht wurde. Man kann elektrische Brennöfen mit speziellen Thermostaten ausrüsten, um die Temperatur zu kontrollieren – bei anderen Typen wird die Brennstoffzugabe mit der Hand eingestellt. Die Temperatur kann mit einem speziellen Temperaturmesser geprüft werden, genannt Pyrome-

Ein Instrument, genannt Pyrometer, mißt die Ofentemperatur. Ein versiegelter »Zapfen« wird während der Brennzeit eingesetzt.

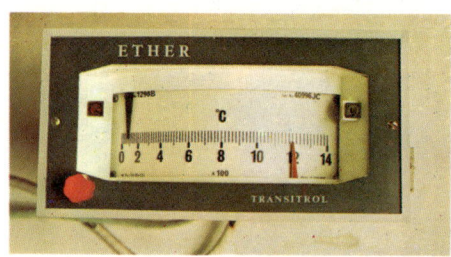

ter, der sich im Brennofen befindet. Dies ist ein elektrisch betriebenes Instrument, das in Graden geeicht wurde. Einige Pyrometer können so angelegt werden, daß sie den Ofen automatisch ausschalten, wenn das Maximum an Temperatur erreicht wurde.

Ein anderer Weg der Temperaturprüfung ist der Gebrauch von Kegeln, d. h. kleinen Pyramiden aus Ton, die bei unterschiedlichen Temperaturen schmelzen. Man braucht nur den Kegel für die gewünschte Temperatur aussuchen und setzt ihn in den Brennofen, wenn dieser aufgefüllt wird. Wenn die kritische Temperatur erreicht wurde, schmilzt der Kegel und biegt sich. Dieser Vorgang kann durch ein Guckloch in der Ofentür beobachtet werden. Aber man achte darauf, immer seine Augen zu schützen, wenn man in einen sehr heißen Brennofen hineinschaut. Dunkelblaue Schweißerbrillen sind dazu ideal. Die Kegel sind sehr hilfreich, um zu prüfen, ob die Temperatur gleichmäßig im ganzen Ofen vorherrscht. Man stellt sie auf unterschiedliche Plätze in einem neuen Brennofen, um zu prüfen, ob der Brennvorgang sauber durchgeführt wird.

Biskuit-Brennen sollte am Anfang langsam durchgeführt werden, da die Hitze chemisch gebundenes Wasser aus den Töpfen heraustreibt. Wenn dies zu schnell geschieht, werden sie brechen. Das Wasser entflieht in Form von Dampf, welcher aus dem Ofen herauskommen muß. Er wird hierfür mit einem speziellen Ventil versehen. Man läßt den Dampf am Anfang des Biskuit-Brennvorganges abziehen, bis eine Temperatur von ca. 500° C erreicht wurde. Danach schließt man das Ventil und erhöht die Brenntemperatur. Wenn das Temperaturmaximum erreicht ist, wird der Ofen automatisch oder von Hand abgestellt und man läßt ihn mit den Töpfen auskühlen. Abhängig von der Größe des Ofens kann ein Brennvorgang ca. 7 bis 14 Stunden dauern. Die Abkühlungszeit hängt ebenso von der Größe ab – ein großes Modell kann bis zu 48 Stunden in Anspruch nehmen, um den Kreislauf des Brennens abzuschließen.

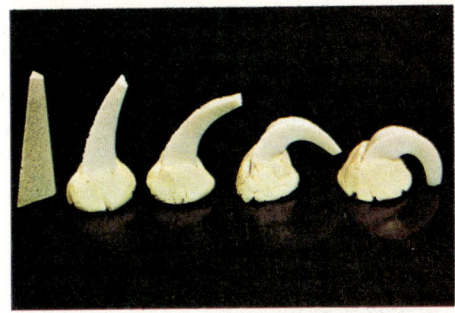

Oben: Temperaturkegel werden hergestellt, damit sie bei spezifischen Temperaturen schmelzen.
Mitte: Die »Stelzen« stehen auf ihrem Platz und das erste bepackte Bord ist fertig zum Brennen.
Unten: Wenn notwendig, nimmt man eine Tonscheibe, damit das zweite Bord flach liegt.

Ganz links: Töpfe, die erfolgreich biskuitgebrannt wurden.

Links: Ein Brennofen mit Temperaturkegeln.

Bleiglasurtechniken

Der Vorgang des Glanzbrennens muß genauso wie das Biskuitbrennen sorgfältig geplant werden. Man sollte große Sorgfalt beim Auffüllen des Brennofens aufbringen, sowohl bei der Handhabung als auch beim Stellen der Töpfe. Die glasierten Stücke sollten sich nicht gegenseitig und sollten nicht den Ofenrand berühren, da sonst die Glasur verschmiert wird. Bevor der Ofen bepackt wird, sucht man Töpfe gleicher Größe heraus, so daß diese alle auf einem Regal stehen können. Kegel werden zur Temperaturmessung innerhalb des Ofens auf die gleiche Weise wie beim Biskuitbrennen angewendet, aber sie sind bei diesem Vorgang wichtiger, da die Temperatur absolut fehlerfrei gemessen werden muß. Es wäre gut, einen Kegel aufzustellen, der bei einer Temperatur schmilzt, die unter der gewünschten liegt, aber genauso Kegel für höhere Temperaturen. Wenn der erste Kegel schmilzt, so wirkt er als Signal dafür, den Brennofen sorgfältig zu beobachten. Ein Pyrometer hilft, aber es ist nicht ratsam, sich während der kritischen Phase darauf zu verlassen.

Anders als beim Biskuitbrennen gibt es kein chemisch gebundenes Wasser, das ausgetrieben werden muß und so kann der Brennvorgang viel rascher vorangebrieben werden, ohne das Risiko der Beschädigung der Töpfe. Da beim Biskuitbrennen jedoch die Veränderung der Kieselsäure zwischen 500° und 600° C auftritt, geht man sicher, daß die Temperaturerhöhung gleichmäßig vorangeht, gerade bis zu diesem Punkt und ein wenig darüber hinaus. Danach kann die Hitzekontrolle schnell reguliert werden, bis die gewünschte Temperatur erreicht wurde.

Die zum Glanzbrennen benötigten Temperaturen können tatsächlich sehr hoch sein. Das hier gezeigte Schaubild zeigt z. B. wie eine Endtemperatur von 1250° C gradlinig erreicht werden sollte, über eine zehnstündige Periode für das Brennen von Steinwaren.

Glanzbrennen kann, bis man ein wirklich erfahrener Töpfer geworden ist, der die Eigenschaften und Reaktionen des Materials versteht, ein Vorgang aufs Geradewohl sein und es kann sein, daß die ersten Experimente nicht erfolgreich verlaufen. Auch wenn das Endprodukt nicht den eigenen Vorstellungen entspricht, so wird man doch überrascht werden, wenn die Ofentür nach dem Brennen geöffnet wird und man sieht, welche Ergebnisse erreicht wurden.

Allgemein gesprochen: Folgt man sorgfältig den Anweisungen des Zulieferers, die zusammen mit der Glasur kommen, kann man nicht mehr viel verkehrt machen.

Diese Zeichnung zeigt das Verhältnis von Temperatur und Zeit für das Brennen von Steinwaren.

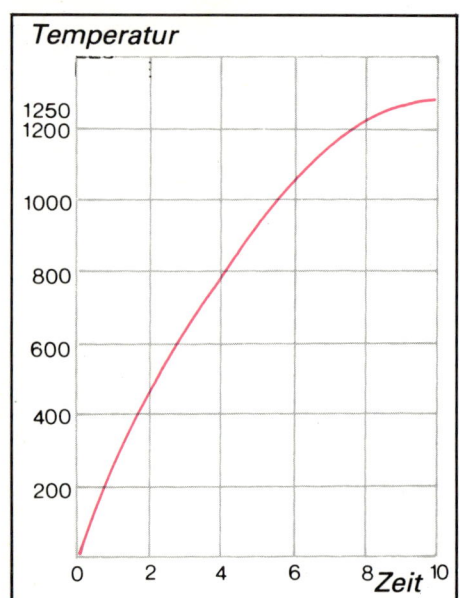

Wortverzeichnis

Biskuitbrennen Der erste Brennvorgang, der den Töpfen eine gewisse Festigkeit gibt, sie aber porös genug zum Ansaugen von Glasur läßt.

Drehen Bei diesem Arbeitsvorgang wird das Töpfergefäß im „lederharten" Zustand auf der Töpferscheibe gedreht. Dabei wird überschüssiger Ton mit dem Drehwerkzeug abgedreht, sodaß eine gleichmäßige Stärke der Wände erreicht wird.

Glanzbrennen Der zweite Brennvorgang, auch Glasurbrannt genannt, bei dem mit Glasur überzogene Töpfe sehr hoch erhitzt werden.

Glasur Eine spezielle Glasart, die an der Tonoberfläche haftet und sich fest mit ihr verbindet wenn das Gefäß gebrannt wird. Die chemische Zusammensetzung von Glasuren ist sehr kompliziert und ihr Grundstoff hängt von der Tonart ab, auf welcher die Glasur angewendet werden soll.

Kegeln Das Auf- und Herunterarbeiten von Ton auf dem Radkopf, damit dieser eine gute gleichmäßige Festigkeit bekommt und Luftblasen entfernt werden, die innen eingeschlossen sein könnten.

Kneten Bei diesem Vorgang preßt man Luftblasen heraus und drückt die kleinen Partikelchen zusammen, aus denen Ton besteht.

Kollieren Der Vorgang, der einem geraden Zylinder eine konkave Form gibt.

Lederhart Das Stadium, in dem der Ton so weit ausgetrocknet ist, daß er ohne das Risiko der Beschädigung bearbeitet werden kann. Ton hat zu diesem Zeitpunkt die Festigkeit von dickem, geschmeidigem Leder.

Oxyde Metallische Verbindungen, die in natürlicher Form in der Erde auftreten. Sie können zum Färben der Pigmente für Ton und Glasuren angewendet werden.

Polieren Der Prozeß des Reibens einer Tonoberfläche mit dem Rücken eines Löffels oder den Fingerspitzen, um einen glänzenden Effekt zu bekommen.

Pyrometer Ein Hitze-Registrierinstrument zum Messen der inneren Brennofentemperatur.

Schlagen Die Vorbereitung des Tons bezeichnet man auch mit Verdichten oder Drücken. Bei diesem Vorgang wird der Ton gut durchgeknetet, sodaß Klumpen zerbrechen und Luft und Unsauberkeiten herausgearbeitet werden.

Schlicker Mit Wasser gemischter Ton, der eine cremige Flüssigkeit bildet. Man verwendet ihn zum Verbinden von Stücken aus Ton und zum Dekorieren.

Schneidedraht Ein Nylonfaden, an dem zwei Knöpfe oder Holzstücke befestigt sind. Er wird zum Schneiden von Ton gebraucht.

Sgraffito Eine Dekorationstechnik, bei der durch Einritzen auf die Oberfläche des Tons Muster und Ornamente entstehen.

Skalpell Ein kleines, scharfschneidiges Messer zum Schneiden und Trennen von Ton.

Spannkopf Ein Stück steifer Ton, der so geformt wurde, daß er die Innenkante unterstützt, damit der Rand nicht den Radkopf berührt.

Temperaturkegel Kleine Tonpyramiden, die bei verschiedenen Temperaturen schmelzen. Man nimmt sie zum Messen der inneren Brennofentemperatur.

Tonmehl Gebrannter Ton, der zu Pulver verarbeitet wurde und zum Versteifen von weichem Ton verwendet wird.

Unterlage Eine Scheibe aus Asbest, Holz, Gips oder Ton, die auf dem Radkopf befestigt werden kann. Sie wird gebraucht, wenn man Dinge wie Schüsseln und Teller ohne das Risiko der Zerstörung von der Töpferscheibe nehmen möchte.

Zentrieren Das Zurechtmachen von Ton auf der Töpferscheibe.

Register

Fotonachweis
Steve Bicknell 8
Geoffrey Frosh 76
Greengates Studio 127, 128
Melvin Grey 9 (r), 17, 60, 122
Nelson Hargreaves 1, 2, 5, 6, 9, 11, 13, 15,
16, 19, 20, 21, 22, 25, 26, 27, 31, 33, 36, 37,
38, 39, 40, 41, 42, 43, 44, 46, 48, 50, 51, 53,
54, 55, 56, 57, 58, 61, 62, 63, 69, 71, 73, 74,
75, 77, 80, 82, 83, 84, 87, 88, 89, 90, 91, 92,
95, 96, 97, 98, 100, 101, 102, 103, 104, 109,
110, 111, 112, 113, 114, 117, 118, 119, 120,
123, 124, 125, 126, 129, 130, 133
Peter Heinz 23, 35, 115
Graham Henderson 14
Paul Kemp 78, 86, 99
Ken Kirkwood 105
Dick Miller 29, 107
Alasdair Ogilvie 18
Johnnie Ryan 7
Jerry Tubby 68, 70, 81, 94

Kunstarbeiten
Joy Simpson 25, 27, 28
Paul Williams 10, 84

Töpfe, gestaltet und geliefert von
Patrick Adamson 112
Val Barry 7, 9 (l), 17, 76 (Zylindertopf), 81
Tony Benham 76 (bauchige Vasen)
Shirley Brown 1, 17 (bemalte Gefäße), 36,
43
Deirdre Burnett 14 (großes Gefäß)
Russell Collins 64 (unten links)
Joanna Constantinidis 115 (r)
Emmanuel Cooper 64 (mittleres Gefäß), 78,
86, 94, 99
Bob Dawe 115 (l)
Elizabeth Duncombe 14 (Faltenschale), 29
(kleines Gefäß)
Siddig El Nigoumi 29 (runder Teller)
Tina Forrester 76 (l)
Tessa Fuchs 76 (zwei hohe Flaschenformen)
Jane Gabatiss 29 (kleine Schale oben)
West Marshall 64 (oben links)
Colin Pearson 29 (ovale Schüssel)
Lesley Pearson 21
West Surrey College of Art and Design 9 (r)